30 Minuten

Nachhaltige Geldanlagen

Jennifer Brockerhoff

Bibliografische Information der Deutschen Nationalbibliothek. Die Deutsche Nationalbibliothek verzeichnet diese Publikation in der Deutschen Nationalbibliografie; detaillierte bibliografische Daten sind im Internet über http://dnb.d-nb.de abrufbar.

ISBN 978-3-96739-123-7

Umschlaggestaltung: die imprimatur, Hainburg
Umschlagkonzept: Martin Zech Design, Bremen
Lektorat: Eva Gößwein, Berlin
Autorenfoto: Christian Ritter, Körperlinien Düsseldorf
Satz: Zerosoft, Timisoara (Rumänien)
Druck und Verarbeitung: Salzland Druck, Staßfurt

Die im Buch veröffentlichten Ratschläge wurden von der Verfasserin und vom Verlag sorgfältig erarbeitet und geprüft. Eine Garantie kann dennoch nicht übernommen werden. Ebenso ist die Haftung der Verfasserin beziehungsweise des Verlags und seiner Beauftragten für Personen-, Sach- und Vermögensschäden ausgeschlossen.

Wir drucken in Deutschland.

www.gabal-verlag.de
www.gabal-magazin.de
www.twitter.com/gabalbuecher
www.facebook.com/gabalbuecher
www.instagram.com/gabalbuecher

PEFC zertifiziert
Dieses Produkt stammt aus nachhaltig bewirtschafteten Wäldern und kontrollierten Quellen.
www.pefc.de

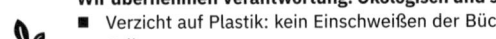

Wir übernehmen Verantwortung! Ökologisch und sozial!
- Verzicht auf Plastik: kein Einschweißen der Bücher in Folie
- Nachhaltige Produktion: Verwendung von Papier aus nachhaltig bewirtschafteten Wäldern, PEFC-zertifiziert
- Stärkung des Wirtschaftsstandorts Deutschland: Herstellung und Druck in Deutschland

Wissen auf den Punkt gebracht

Dieses Buch ist so konzipiert, dass Sie in kurzer Zeit prägnante und fundierte Informationen aufnehmen können. Mithilfe eines Leitsystems werden Sie durch das Buch geführt. Es erlaubt Ihnen, innerhalb Ihres persönlichen Zeitkontingents (von 10 bis 30 Minuten) das Wesentliche zu erfassen.

Kurze Lesezeit

In 30 Minuten können Sie das ganze Buch lesen. Wenn Sie weniger Zeit haben, lesen Sie gezielt nur die Stellen, die für Sie wichtige Informationen beinhalten.

- Schlüsselfragen mit Seitenverweisen zu Beginn eines jeden Kapitels erlauben eine schnelle Orientierung: Sie blättern direkt zu dem Thema, das Sie besonders interessiert.
- **Zahlreiche Zusammenfassungen innerhalb der Kapitel erlauben das schnelle Querlesen.**
- Ein Fast Reader am Ende des Buches fasst alle wichtigen Aspekte zusammen.
- Ein Register erleichtert das Nachschlagen.

Inhalt

Vorwort

Eine wahre Achterbahnfahrt der Gefühle erlebe ich seit der Veröffentlichung des EU-Aktionsplans für ein nachhaltiges Finanzsystem im Jahr 2019. Die EU-Kommission wagt sich als weltweit Erste auf unbekanntes Terrain mit dem Ziel, Kapitalflüsse umzulenken hin zu einer nachhaltigeren Wirtschaft. Sie ist angetrieben von der Dringlichkeit, die Ziele des Pariser Klimaabkommens und die 17 Nachhaltigkeitsziele der Vereinten Nationen zu erreichen. Machen wir uns nichts vor: Der Weg ist mit allerlei Hindernissen gespickt!

Wo Banken, Versicherungs- und Fondsgesellschaften sich bisher wenig in die Karten haben schauen lassen, an wen sie Kredite vergeben oder worin sie ihre eigenen sowie Kundengelder investieren, soll bald absolute Transparenz herrschen. Dass der Klimawandel sowie die rapide Abnahme von Biodiversität erhebliche Risiken gerade für die Finanzindustrie mit sich bringen, sollte spätestens seit der Flutkatastrophe im Ahrtal jedem bewusst geworden sein. Laut dem Gesamtverband der Deutschen Versicherungswirtschaft war 2021 eines der teuersten Naturgefahrenjahre überhaupt mit einer Schadenssumme von schätzungsweise sieben Milliarden Euro! Bei steigender Erderwärmung sinkt die Versicherbarkeit von allem, was uns lieb und teuer geworden ist.

Zugegeben, nach der Anfangseuphorie über diesen sehr ambitionierten EU-Aktionsplan haben mich immer wieder Phasen der absoluten Ernüchterung eingeholt. Gründe hierfür sind die zum Teil extreme Abwehrhaltung einzelner Finanzmarktteilnehmer, das Fehlen von konsistenten Daten und einer einheitlichen Zuordnung von Finanzprodukten sowie die enorme Komplexität und Vielschichtigkeit des Themas, während der Verbraucher doch einfache Lösungen sucht.

Am meisten ärgern mich jedoch die krassen Auswüchse von Greenwashing. Über alle Branchen hinweg wird kurzerhand der grüne Waschgang angeschmissen und somit „alter Wein in neuen Schläuchen" präsentiert.

Gerne möchte ich Ihnen diese Achterbahnfahrt ersparen und mit diesem 30-Minuten-Ratgeber einen roten Faden liefern, damit Sie die Leitplanken einfacher erkennen und ohne große Um- und Irrwege Ihren ganz persönlichen Weg zu einem nachhaltigeren Finanzportfolio beschreiten können.

Gutes Gelingen beim nachhaltigen Investieren wünscht Ihnen

Jennifer Brockerhoff

1. Sind wir nicht alle ein bisschen öko?

Was verstehen Sie eigentlich unter „öko"? Ist das Wort bei Ihnen eher positiv oder eher negativ besetzt? Wenn ich mich an meine Schulzeit oder an meine Tätigkeit als Bankangestellte erinnere, dann war die Bezeichnung „öko" selten ein Kompliment. Eher musste ich an selbst gestrickte Wollpullover, muffelige und unmodische Kleidung, merkwürdig riechende Gerichte und an die Ablehnung von herkömmlichen Statussymbolen denken. Gefühlt ziemlich spaßbefreit. Das ist jetzt mehr als 25 Jahre her. Seitdem hat das angestaubte Öko-Image einen ziemlichen Wandel hingelegt. Nicht zuletzt durch die junge Fridays-for-Future-Bewegung – ganz gleich, wie Sie hierzu persönlich stehen.

1.1 Die Hintergründe

Lassen Sie uns auf die Gründe schauen, warum es überhaupt an der Zeit ist, nachhaltig zu investieren:

Der menschengemachte Klimawandel

Eine Ende 2021 veröffentlichte Überblicksstudie der Forscher von der amerikanischen Cornell University hat ergeben: Mehr als 99,9 Prozent aller wissenschaftlichen Studien belegen, dass der Klimawandel menschengemacht ist. Der aktuelle Sachstandsbericht des Weltklimarats (IPCC) formulierte es noch prägnanter: „Es ist eindeutig, dass der menschliche Einfluss die Atmosphäre, den Ozean und das Land erwärmt hat."[1] Wir Menschen haben demnach ein neues Zeitalter eingeläutet, das Anthropozän.

Das gemeinsame Ziel

Genau dieser Weltklimarat geht im aktuellen Bericht davon aus, dass die globale Temperatur im Vergleich zum vorindustriellen Zeitalter bis 2050 um etwa 2 Grad Celsius steigt, bis 2100 sogar um 2,7 Grad. Auf der jährlichen Klimakonferenz werden einerseits die neuesten Erkenntnisse veröffentlicht und andererseits Ziele für die Eindämmung der Erderwärmung ausgehandelt.

Globale Klimaziele

Mit dem großen Einfluss des Menschen auf den Ressourcenverbrauch unseres Planeten wächst gleichzeitig die Verantwortung für den Erhalt unseres Lebensraums für nachkommende Generationen. Unsere technologischen Errungenschaften erleichtern uns seit Jahrzehnten das tägliche Leben. Gleichzeitig führen sie uns die Auswirkungen unserer Lebensweise vor Augen. Über alle Social-Media-Kanäle hinweg können Bilder und Videos von Umweltzerstörung, Ausbeutung und sozialer Ungerechtigkeit 24/7 abgerufen werden.

Ein wesentlicher Hebel für die Erreichung der Klimaziele ist die konsequente Reduktion von Treibhausgasemissionen. 50 Länder haben bereits bei den Vereinten Nationen angekündigt, bis 2050 klimaneutral sein zu wollen. Dazu gehören[2]:

- die Staaten der Europäischen Union
- die Vereinigten Staaten von Amerika
- Japan
- Südkorea
- Australien
- Brasilien
- die Vereinigten Arabischen Emirate

Mit einem Jahrzehnt Verspätung:
- China bis 2060

Indien dagegen hat bisher noch kein konkretes Ziel veröffentlicht.

Klimaziele in Deutschland

Durch die Änderung des Klimaschutzgesetzes in Deutschland wird die Treibhausgasneutralität bis 2045 angepeilt.

Der Freistaat Bayern toppt dieses Ziel sogar um fünf Jahre und möchte es bis 2040 schaffen.

Aber was bedeutet eigentlich klimaneutral? Es ist ein gern verwendetes Buzzword unserer Zeit mit einem Beigeschmack von Greenwashing.

Greenwashing

Dem alten Geschäftsmodell und den alten Produkten ein grünes Mäntelchen umhängen und mit gezielten Marketing- und Werbemaßnahmen gutmütige Verbraucher täuschen – das ist es, was der Begriff „Greenwashing" bezeichnet. Gerne werden hierfür nicht geschützte Wörter und Wendungen wie „nachhaltig", „ökologisch", „100 % natürliche Zutaten" oder „klimafreundlich" verwendet. Sicherlich sind wir alle schon einmal auf so eine Produktbezeichnung hereingefallen.

Klimaneutralität

Das Wort „Klimaneutralität" ist nicht selbsterklärend. Es bedeutet, dass man ein Gleichgewicht zwischen CO_2-Emissionen (Treibhausgasemissionen) und der Aufnahme von Kohlenstoff aus der Atmosphäre in Kohlenstoffsenken herstellt. Kohlenstoffsenken sind natürliche Speicher, die den Kohlenstoff aufnehmen und (vorübergehend) binden. Dazu gehören Moore, Wälder und Grasland.

Wie wird man klimaneutral?

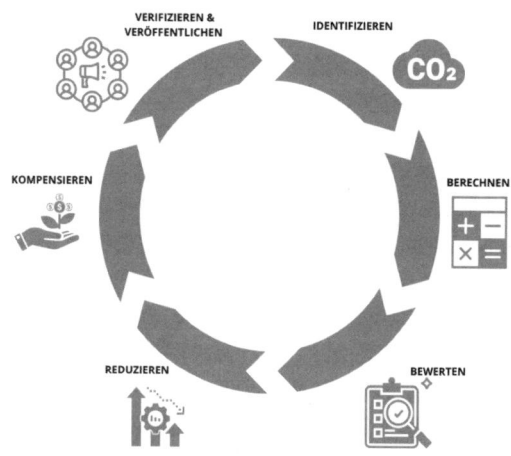

Wie schafft ein Unternehmen Klimaneutralität?

- Ein Unternehmen muss zuallererst **identifizieren**, wo die eigenen Emissionen ausgestoßen werden.
- Diese gilt es dann zu **berechnen**.
- Anschließend werden sie in direkte und indirekte Emissionen eingeordnet, also **bewertet**.
- Wo sind Stellschrauben, um Emissionen zu **reduzieren** und zu vermeiden? Dieses Optimierungspotenzial hat Vorrang!

- Was an unvermeidbaren Treibhausgasemissionen übrig bleibt, sollte über international anerkannte Standards (z. B. Gold Standard) durch Investitionen in umweltrelevante Projekte **kompensiert** werden.
- Zu guter Letzt müssen diese Daten von unabhängiger Stelle geprüft und **verifiziert** werden, um schließlich die aktuellen Bemühungen und Maßnahmen **veröffentlichen** zu können.

Welche Emissionen werden unterschieden?

Probleme können nur gelöst werden, indem man sich ihrer bewusst wird. Damit die Weltgemeinschaft ihre Treibhausgasemissionen reduzieren kann, gilt es, diese zu kategorisieren. International durchgesetzt haben sich Emissionskategorien (sogenannte Scopes) nach dem Greenhouse Gas Protocol.

Die drei Scopes nach dem Protokoll für Unternehmen von Greenhouse Gas (GHG)
- **Scope 1** umfasst die **direkten Emissionen**, dazu gehören zum Beispiel der Heizkessel oder der Fuhrpark.
- **Scope 2** umfasst die **indirekten Emissionen**, genauer gesagt die **mit eingekaufter Energie** wie Strom und Fernwärme verursachten Emissionen.
- **Scope 3** umfasst **alle anderen indirekten Emissionen** wie Dienstreisen (Flug), Entsorgung/Recycling und Transporte.

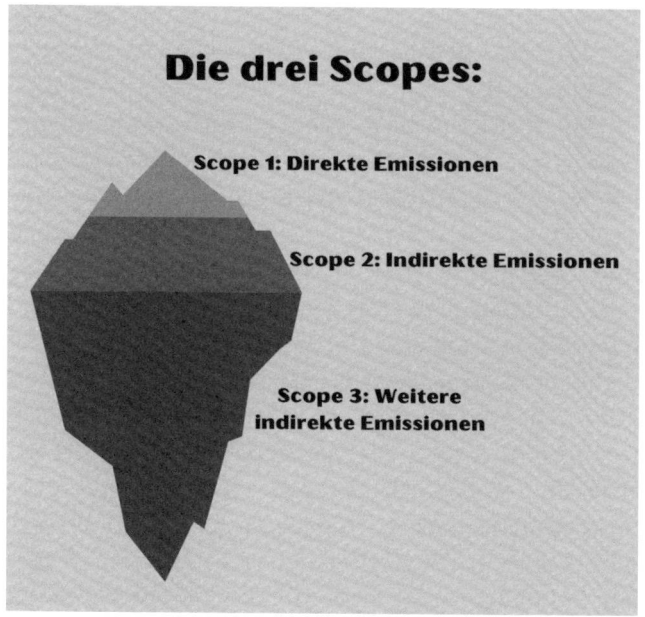

Die drei Scopes:

Scope 1: Direkte Emissionen

Scope 2: Indirekte Emissionen

Scope 3: Weitere
indirekte Emissionen

Wie im Schaubild verdeutlicht, fällt ein Großteil der Gesamt-
emissionen in die sonstigen indirekten Emissionen, also
die Scope-3-Emissionen. Diese entstehen durch die Aktivitäten des Unternehmens entlang der Wertschöpfungskette
und liegen meist nicht im Kontrollbereich des Unternehmens.

Die Kohlenstoffblase

12. Dezember 2015: frenetischer Jubel auf der UN-Klima-
konferenz in Paris! An diesem Tag wurde das Übereinkom-
men, die globale Erwärmung auf unter 2 Grad Celsius zu

begrenzen, von allen 195 Vertragsparteien verabschiedet. Wie sollte das gelingen? Durch die drastische Verringerung von Klimagasen.

Vier Jahre zuvor haben Wirtschaftswissenschaftler der Carbon Tracker Initiative[3] die viel beachtete Analyse über das Bestehen und die Folgen einer globalen Kohlenstoffblase veröffentlicht. Doch was ist eine Kohlenstoffblase und woraus besteht sie? Treibhausgasemissionen wie Kohlenstoff entstehen durch das Fördern und Verbrennen von fossilen Brennstoffen wie Öl, Kohle und Gas.

Klimaschutz bedeutet, diese Emissionen stark zu reduzieren. Dies hat zur Folge, dass der Gewinn von fossilen Branchen sich ebenfalls reduzieren müsste. Somit verschlechtert sich deren Finanzsituation. Denn man entzieht diesen Unternehmen ihre Geschäftsgrundlage. Eine besonders brisante Kernaussage der Analyse: Von den bestehenden weltweiten Vorkommen an fossilen Brennstoffen (bereits gefördert oder noch nicht erschlossen) dürften maximal noch ca. 20 Prozent verbrannt werden, da andernfalls die Klimaziele von Paris nicht erreicht werden.

Kohlenstoff ade! Super, oder?
Die Antwort ist etwas komplizierter. Denn unser heutiges globales Wirtschaftssystem ist auf fossile Energien ausgerichtet.

- Banken vergeben Kredite an fossile Unternehmen.
- Versicherungsgesellschaften versichern die entsprechenden Anlagen.
- Altersvorsorgeeinrichtungen investieren zum Beispiel in Aktien solcher Unternehmen.

Wie Sie sehen, gibt es viele Querverbindungen zur Realwirtschaft. Wenn Klimaschutzmaßnahmen verstärkt und strengere Gesetze umgesetzt werden, könnten zahlreiche Investoren zu der Erkenntnis kommen, dass die Rohstoffe und damit die Unternehmen aus fossilen Branchen überbewertet sind. Dies hätte zur Folge, dass diese Investoren im großen Stil investierte Gelder abziehen und somit womöglich eine Kettenreaktion am Markt auslösen. Die Kohlenstoffblase würde platzen und eine neue schwere Finanzkrise auslösen.

Daher ist es wichtig, diese Blase nicht wesentlich größer werden zu lassen, sondern die Luft langsam entweichen zu lassen, unter anderem durch die zeitnahe und konsequente Umsetzung von Klimaschutzmaßnahmen.

Divestment

Es ist nicht so, als hätte bisher niemand auf diese Erkenntnisse reagiert. Wer investieren kann, kann auch desinvestieren. Genau das macht die globale Divestment-Bewegung. Sie setzt sich dafür ein, Kapital aus treibhausgasintensiven Unternehmen abzuziehen.

Zu dieser Bewegung gehören zum Beispiel große Staatsfonds wie der von Irland, deutsche Städte wie Münster oder Freiburg sowie über 180 Universitäten und Colleges in 13 Ländern weltweit. Durch das Divestment werden Reputations- und Transformationsrisiken im eigenen Anlageportfolio vermieden. Ein weiterer Vorteil kann eine zusätzliche positive Rendite sein, wie verschiedene Metastudien belegen.[4]

Bad Banks – jetzt auch Bad Companies?

Doch die Divestment-Bewegung brachte auch bizarre Blüten hervor. Verschiedene Medien haben in den letzten Jahren berichtet, dass der zunehmende Druck von Investoren und der Öffentlichkeit auf klimaschädliche Branchen dazu geführt hat, dass diese einen simplen Trick anwenden, um ihre Emissionsberichte aufzubessern: Sie gründen Bad Companies.

Einen ähnlichen Trick haben wir nach der Hypothekenbankkrise ab 2009 beobachten können. Banken, die durch Verluste im Wertpapiergeschäft oder faule Kredite in Schieflage geraten waren, gründeten eine sogenannte Bad Bank, um den defizitären Anteil vom überlebensfähigen Institut abzuspalten und auszulagern. Somit konnten Insolvenzen verhindert und Bilanzen geschönt werden.

Auch Erdölkonzerne haben Klimaziele und wollen bzw. müssen ihre Emissionen kürzen. Um diese zu erreichen, werden gewisse emissionsstarke Sparten veräußert, oft an deutlich kleinere und nicht berichtspflichtige private Firmen. Dies hat zur Folge, dass die Bilanz des Großkonzerns sich zwar schlagartig verbessert, die klimaschädlichen Emissionen jedoch nicht eingespart, sondern an anderer Stelle weiter ausgestoßen werden. Solche Geschäftsgebaren sind leider nicht verboten. Sie konterkarieren jedoch den dringend benötigten Transformationsprozess zu einer emissionsarmen Wirtschaft.

Vorsicht Schlupflöcher!

Meinen Beobachtungen zufolge kann man Marktakteure in zwei Gruppen unterteilen:

- Die erste Gruppe umfasst diejenigen, die ihre Geschäftsmodelle unter die Lupe nehmen und grundlegend hinterfragen, um diese dann an die Klimaziele anzupassen.
- Die Unternehmen der zweiten Gruppe zeichnen sich dadurch aus, dass ihnen Business as usual am liebsten wäre. Warum ein bis dato funktionierendes Geschäftsmodell ändern? Stattdessen werden Schlupflöcher in Form von Gesetzeslücken gesucht. Oder man beauftragt clevere Berater damit, Wege zu finden, bei Jahresberichten zu glänzen, wohl wissend, dass man dadurch nicht zu mehr Klimaschutz beigetragen hat.

Trotz der eindeutigen wissenschaftlichen Erkenntnisse zum Klimawandel und der Notwendigkeit, Emissionen deutlich zu reduzieren, wird es immer Leaders und Laggards geben – also Vorreiter und Nachzügler.

Der menschengemachte Klimawandel wird die Art, wie wir leben, grundlegend verändern. Es gilt, die Klimaziele von Paris umzusetzen, um die Folgen der Erderwärmung abzumildern. Treibhausgasemissionen entstehen durch verschiedenste Wirtschaftstätigkeiten. Jede Branche und jede Firma verfolgt unterschiedlich ambitionierte Klimaziele. Wird weiterhin nicht gehandelt, kann das negative Auswirkungen verstärken. Vorreiterrollen können Firmen und Investoren gleichermaßen übernehmen.

1.2 Öko-Konsumenten

Sind Sie eine Öko-Konsumentin oder ein Öko-Konsument? So manch einer wird sich sofort angesprochen fühlen, während andere vielleicht sogar eine spontane Ablehnung verspüren, wenn das Wort „Öko" fällt. Unsere höchst persönliche Definition von „nachhaltig" ist so einzigartig wie unser Fingerabdruck. Nachhaltigkeit hat eben enorm viele Facetten. Umso wichtiger ist es, dass unterschiedliche Attribute nicht gegeneinander ausgespielt werden.

ESG-Kriterien

Im Zusammenhang mit nachhaltigen Geldanlagen spricht man oft von den ESG-Kriterien. Unternehmen, die diese Kriterien erfüllen, gelten demnach als nachhaltig. Die drei Buchstaben bezeichnen drei verschiedene Dimensionen der Nachhaltigkeit:

- **E** steht für **Environment**, also Umwelt.
- **S** steht für **Social**, also Soziales.
- **G** steht für **Governance**, also gute Unternehmensführung.

Allein bei diesen drei Kriterien werden Sie persönliche Präferenzen haben:

- Liegt Ihnen Umweltschutz am Herzen, sind Sie ein naturverbundener Mensch?
- Oder haben sichere Arbeitsbedingungen, eine faire Bezahlung von Arbeitern und die Einhaltung von Menschenrechten für Sie Priorität?

- Ebenso könnten Sie die Aufsichtsstrukturen großer Konzerne interessieren und wie Korruptionsaffären oder Geldwäsche verhindert werden können.

Gleichwohl es keine homogene „Nachhaltigkeitsgruppe" gibt, haben sich in den letzten Jahren zwei Bezeichnungen durchgesetzt für Menschen, denen Nachhaltigkeit wichtig ist. Sie bilden eine stetig wachsende Gemeinschaft.

LOHAS – Lifestyle of Health and Sustainability

Dieser Begriff schwappte Mitte der 2000er-Jahre von Amerika nach Deutschland und wurde bereits 2007 durch eine Studie der Zukunftsforscher Matthias Horx und Eike Wenzel bekannt.

Grundsätzlich kann festgehalten werden, dass Verzicht für Menschen mit diesem Lebensstil nicht im Vordergrund steht, sondern der bewusste und hochwertige Konsum. LOHAS gehören oft der oberen Mittelschicht an, sind gut gebildet und berufstätig, verfügen über ein überdurchschnittliches Einkommen und sind (noch) in der Mehrzahl weiblich. Letzteres liegt wahrscheinlich daran, dass Frauen durch ihre Sozialisierung häufiger alltägliche Konsumentscheidungen treffen müssen als Männer. Somit werden sie automatisch mit nachhaltigen Alternativen konfrontiert, die dann genau unter die Lupe genommen werden.

Merkmale des Lebensstils:
- Nahrungsmittel: regional und bio
- Kosmetik: frei von Mikroplastik und zertifiziert

- Kleidung: fair hergestellt aus hochwertigen Stoffen
- Reisen: Eco-Hotels, regional oder CO_2-Kompensation
- Strom: vorzugsweise Ökostrom aus erneuerbaren Energien
- Wohnen: nachhaltiges Bauen oder in Wohngemeinschaften
- Finanzen: Öko-Banken sowie grüne Investments
- Transport: ÖPNV, Carsharing und alternative Antriebsformen
- Job: sinnstiftende Tätigkeit bevorzugt: sozial orientiert, Umwelt und Naturwissenschaft

LOHAS sind sehr kritisch und hinterfragen Produkte und Dienstleistungen. Sie betrachten die Dinge ganzheitlich und handeln idealistisch. Nur authentische Angebote kommen in Betracht, Greenwashing enttarnen sie schnell. „Geiz ist geil" ist nicht ihr Credo, denn sie geben gerne größere Beträge für qualitativ hochwertige und langlebige Produkte aus. Sie sind offen für Fortschrittlichkeit und Innovationen. LOHAS engagieren sich aktiv für Umweltschutz und soziale Gerechtigkeit und übernehmen Verantwortung für ihr Tun.

LOVOS – Lifestyle of Voluntary Simplicity
Menschen, die einen nachhaltigen Lebensstil pflegen, indem sie freiwilligen Verzicht üben, bilden diese Untergruppe der LOHAS. Die LOVOS repräsentieren das Gegenteil der konsumorientierten Überflussgesellschaft.

Merkmale des Lebensstils:

- Konsumverzicht
- Minimalismus
- Tiny-House-Bewegung
- Selbstversorgung
- Wachstumskritik
- Upcycling und Repair
- Weniger-ist-mehr-Mentalität

Nach der Hypotheken- und Bankenkrise 2009 entwickelten sich in europäischen Ländern wie Spanien deutliche LOVOS-Tendenzen. Mittlerweile kann man von einer Wertegemeinschaft sprechen, die länderübergreifend ihre Anhänger findet.

Psychologie des Geldes und Nachhaltigkeit

Die Bedeutung der ureigenen Geldbiografie möchte ich an dieser Stelle nicht unerwähnt lassen. Unsere persönlichen Prioritäten bei grünen Geldanlagen werden manchmal bewusst, meist aber unbewusst von dieser Geldbiografie bestimmt. Denn die Art, wie Kinder im Umgang mit Geld durch ihre Erziehung geprägt werden, ebnet ihren finanziellen Pfad im Erwachsenenalter. Dieser ist meistens mit vielen Hindernissen und blinden Flecken gespickt. Hier kommen die sogenannten Glaubenssätze ins Spiel, also tief verankerte Überzeugungen, die das Denken und Handeln beeinflussen.

Im Zusammenhang mit Nachhaltigkeit sind mir vor allem folgende Aussagen in Kundengesprächen vermehrt aufgefallen:

- „Hauptsache nachhaltig, da ist es egal, wenn ich kaum Rendite erziele."
- „Ich arbeite in einem nachhaltigen Beruf, da ist es normal, dass man wenig Geld verdient."

Hinter diesen Aussagen stehe große Denkfehler, die für eine Vielzahl von Vorurteilen nachhaltigen Geldanlagen gegenüber verantwortlich sind. Ökologisch heißt nicht, asketisch an der Armutsgrenze zu leben, sich nichts gönnen zu dürfen und Lebensfreude einzubüßen. Viel Geld zu besitzen macht Sie weder zu einem besseren noch zu einem schlechteren Menschen. Eine arme rücksichtslose Umweltsau wird zu einer vermögenden rücksichtslosen Umweltsau. Ein armer nachhaltig orientierter Mensch wird zu einem vermögenden nachhaltig orientierten Menschen. Umso wichtiger ist es, dass gerade die zweite Gruppe ihre Scheu vor großen Geldbeträgen und ihre innere Abwehr beim Thema Geld überwindet, um ein Vermögen aufzubauen und damit positive ethisch-ökologische Wirkung zu erzielen!

Nachhaltigkeit ist im Finanzwesen weit mehr als nur ein Trend, und Verbraucher mit einer klaren umwelt- und sozialethischen Konsumhaltung gewinnen in Deutschland immer mehr an Bedeutung. Diese Gruppe könnte durch die Herausforderungen des Klimawandels, der voranschreitenden Digitalisierung und der damit zusammenhängenden Sinnfrage im Arbeitsleben noch weiter anwachsen.

1.3 Was ist nachhaltig?

Eines vorweg: Die eine allgemeingültige Definition von „nachhaltig" wird es nie geben, dafür ist das Thema zu vielschichtig. In der Vergangenheit hat man außerdem eher weit gefasste Formulierungen veröffentlicht, die viel Interpretationsspielraum geboten haben.

1987 publizierte die Weltkommission für Umwelt und Entwicklung den viel zitierten Report „Unsere gemeinsame Zukunft". Darin wurde erstmals eine Definition von nachhaltiger Entwicklung formuliert:

⇨ *„Nachhaltige Entwicklung ist eine Entwicklung, die den Bedürfnissen der heutigen Generation entspricht, ohne die Möglichkeiten künftiger Generationen zu gefährden, ihre eigenen Bedürfnisse zu befriedigen."*

Lange Jahre wurde dieses Thema in Verbindung mit Finanzanlagen kaum berücksichtigt und so mancher Fondsmanager machte in der Zeit klar, dass ein nachhaltiger Ertrag das höchste der ökologisch-ethischen Gefühle sei.

Game Changer: EU-Taxonomie

Wird jetzt alles anders? Das fragen sich Finanzmarktakteure und Investoren gleichermaßen, seitdem im Juni 2020 die EU-Taxonomie-Verordnung veröffentlicht wurde. Sie ist zentraler Bestandteil des EU-Aktionsplans für ein nachhaltiges Finanzwesen. Für die Umsetzung der ambitionierten Klimaziele spielt der Finanzsektor eine wichtige Rolle. Das EU-Parlament möchte mit der Taxonomie ein einheitliches

Klassifizierungssystem für nachhaltige Finanzen implementieren. Kriterien sollen festlegen, welche Wirtschaftsaktivitäten, Finanzprodukte und Investitionen als nachhaltig deklariert werden dürfen. Außerdem soll Greenwashing hierdurch schneller enttarnt und verhindert werden.

Achtung: Lobbyisten

Spätestens seit dem Jahreswechsel 2021/2022 wird klar, welche unterschiedlichen Kräfte an den Plänen mitwirken. Relativ überraschend und schnell entschied die EU-Kommission, Atomstrom und Erdgas als Brückenlösungen auf dem Weg der ökologischen Transformation der europäischen Wirtschaft als nachhaltig deklarieren zu wollen. Nichtregierungsorganisationen wie der WWF und der unabhängige Londoner Think Tank InfluenceMap machen immer wieder durch Veröffentlichungen darauf aufmerksam, dass viel Lobbyarbeit gegen eine strenge Taxonomie unternommen wird.

Obwohl Fondsmanager und Vermögensverwalter ihre Portfolios immer mehr taxonomiekonform ausrichten, sind sie ganz sicher nicht dazu gezwungen, in Atomstrom, fossiles Gas oder andere aus ihrer Sicht nicht nachhaltige Sparten zu investieren. Nachhaltige Anbieter von Finanzprodukten werden auch nach solchen Entscheidungen ihren bestehenden Investitionsleitsätzen treu bleiben.

Die Zeit ist reif für nachhaltige Finanzen:

- Das Pariser Klimaabkommen ist wegweisend für die notwendige Transformation des Finanzwesens hin zu einem nachhaltigen Wirtschaftssystem. Die Gestaltung des Pfads zu Netto-Null-Emissionen ist entscheidend, um einer möglichen Kohlenstoffblase die destruktive Kraft zu entziehen.

- Ökologisches Denken und Handeln sind in der Mitte der Gesellschaft angekommen. Zukunftsforscher haben bereits konkrete Eigenschaften eines nachhaltigen Lebensstils identifiziert und prognostizieren eine stetige Erweiterung dieser Konsumentengruppe sowie deren Einflussnahme auf Produktentwicklungen.

- So praktisch eine einheitliche Definition von „nachhaltig" auch wäre, so unrealistisch ist es, dass eine solche jemals zustande kommt. Allein das Finanzwesen zeigt sich zu vielschichtig, um komplexe Fragestellungen einfach beantworten zu können. Die Einflussnahme der Lobbyisten der Old Economy auf die EU-Taxonomie erschweren diesen Prozess zusätzlich.

Was hat Mode mit grünen Geldanlagen gemeinsam?

Seite 29

Wie unterscheiden sich unterschiedliche Anlagestile?

Seite 30

Wie finden Sie die zu Ihnen passende Anlageklasse?

Seite 38

2. Alles eine Frage des Stils

Über Geschmack lässt sich bekanntlich streiten. Über die richtige Art und Weise, Geld nachhaltig anzulegen, ebenfalls. Unweigerlich muss ich bei diesem Vergleich an die sehr unterschiedlichen Geschmäcker in Sachen Mode denken. Denn was Sie todschick finden, könnte Ihr Partner, Arbeitskollege oder Nachbar als optischen Elfmeter bezeichnen. Nicht anders verhält es sich bei den grünen Investmentstilen. Während ein Investor beispielsweise Tabak, Glücksspiel und Pornografie strikt ausschließt, sieht ein anderer darin lukrative Anlagemöglichkeiten und investiert genau dort.

Einheitliche Uniformen, wie wir sie in manchen Schulen oder bei der Polizei kennen, versinnbildlichen meines Erachtens die EU-Taxonomie. Das ist das einheitliche Klassifizierungssystem, das definiert, welche Wirtschaftsaktivitäten überhaupt nachhaltig sein sollen. Wir müssen uns keine Gedanken bei der Auswahl machen, denn die Entscheidung wird uns, wenn wir das möchten, abgenommen.

Mit dem Strom schwimmen oder lieber Freestyle? Es wird immer einen Mainstream geben, einen Konsens darüber, was heute von der Mehrheit der Bevölkerung akzeptiert und als richtig empfunden wird.

2.1 Anlagestile im Überblick

Es ist zwar schön, dass uns so viele Investmentmöglichkeiten zur Verfügung stehen. Jedoch setzt schnell eine Überforderung ein, wenn wir mit dieser Masse konfrontiert werden. Standen Sie auch schon einmal vor Ihrem übervollen Kleiderschrank und hatten den Eindruck, rein gar nichts Passendes zum Anziehen zu haben?

Was dann hilft, ist das Ausschlussprinzip. Was geht gar nicht und was wird bevorzugt? Darauf werden wir uns jetzt konzentrieren und die unterschiedlichen Anlagestile bzw. Anlagestrategien durchgehen.

Viele Möglichkeiten

Haben Sie jemals eine eierlegende Woll(hafer)milch(tofu)-sau mit eigenen Augen gesehen? Ich auch nicht! Ebenso wenig existiert *die* perfekte nachhaltige Geldanlage, und erst recht nicht für jeden. Vielmehr nutzen Anbieter von nachhaltigen Finanzprodukten viele verschiedene Anlageprozesse und -stile. Diese verfolgen wiederum unterschiedliche Ziele.

Gemäß dem Marktbericht des Forums Nachhaltige Geldanlagen aus dem Jahr 2021 betrug der Anteil nachhaltiger Fonds und Mandate am deutschen Gesamtfondsmarkt bisher nur 6,4 Prozent. Prognostiziert für den Marktbericht 2022 sollen es bereits über 15 Prozent werden. Ein steiler Anstieg also, nicht zuletzt durch die Einführung der EU-Offenlegungsverordnung.

Die Strategien für nachhaltige Geldanlagen

Nachfolgend schauen wir uns die verschiedenen Anlagestrategien genauer an, in der Reihenfolge der meistverwendeten bis zu der am wenigsten verwendeten.

1. Ausschlusskriterien

Diese Strategie für nachhaltige Geldanlagen wird am häufigsten verwendet. Die Top 10 der Ausschlusskriterien in Deutschland sind:

- Menschenrechtsverletzungen
- Korruption und Bestechung
- Kohle
- Arbeitsrechtsverletzungen
- Tabak
- Umweltzerstörung
- Pornografie
- Waffen und Rüstung
- Kernenergie
- Glücksspiel

Strittige Ausschlusskriterien – das Beispiel Rüstung

Der Ausbruch des Ukrainekrieges im Februar 2022 hat das Thema Rüstung unweigerlich in den Mittelpunkt unserer Aufmerksamkeit gerückt und viele Diskussionen rund um die Sinnhaftigkeit von Aufrüstung entfacht.

Die Ausgangslage

Hätten Sie gewusst, dass Deutschlands Rüstungsindustrie eine der größten weltweit ist?[5] Über 150 deutsche Firmen und internationale Unternehmen mit einem Sitz in Deutschland bieten Produkte und Dienstleistungen für Militäreinrichtungen an. Kontroverse Waffen wie Antipersonenminen oder Streumunition sind bei nachhaltigen Fonds in der Regel tabu. Was ist jedoch mit leichten Schusswaffen, die beispielsweise von der Polizei oder

Menschen mit Jagdschein verwendet werden, oder militärischer Ausrüstung? Hier sind in den letzten Jahren vermehrt Debatten zur sogenannten Dual-Use-Charakteristik zwischen Nichtregierungsorganisationen und Bewertungsfirmen entstanden.

Dual Use

Als Dual-Use-Güter bezeichnet man solche, die sowohl zivilen als auch militärischen Zwecken dienen können. Wie würden Sie Produkte einordnen, die vorrangig keinem militärischen Zweck dienen, jedoch trotzdem vom Militär genutzt werden? Beispiele hierfür können Kleidung oder Nahrung, Software sowie der Bereich Logistik mit Transportwegen wie das Schienennetz mit Signalanlage sein. Eine gute Orientierung in der Bewertung ist es, die Umsatzhöhe dieser Geschäftsbeziehung zu betrachten und zu fragen, ob das Produkt in erster Linie für das Militär entwickelt wurde.

Umsatztoleranzen

Strenge Nachhaltigkeitsfonds nutzen Umsatztoleranzen von maximal fünf Prozent. Das bedeutet, dass maximal fünf Prozent des Umsatzes auf eine militärische Nutzung der Produkte zurückgeführt werden dürfen. Diese Umsatztoleranzen sollen nicht als Hintertürchen dienen, sondern sind eher der Tatsache geschuldet, dass es nach wie vor einen Mangel an detaillierten Unternehmensratings gibt.

Soziale Taxonomie

Eine soziale Taxonomie, bei der der Schwerpunkt auf Menschen- und Arbeitsrechten liegen soll, ist derzeit in Planung. Die entsprechenden Empfehlungen der EU-Kommission sollen noch im Jahr 2022 veröffentlicht werden. Die Rüstungsindustrie läuft seit Mitte 2021 Sturm gegen den ersten Entwurf, der Waffenhersteller, die Glücksspiel- und die Tabakindustrie pauschal disqualifizieren würde. Es bleibt abzuwarten, wie stark die Kriegsereignisse in Europa, in Verbindung mit dem Druck der Lobbyisten, die Gestaltung der sozialen Taxonomie beeinflussen.

2. Normbasiertes Screening

Eine ebenfalls sehr häufig verwendete nachhaltige Anlagestrategie besteht darin, Investments auf ihre Übereinstimmung mit bestehenden internationalen Standards und Normen hin zu überprüfen. Zu diesen Standards gehören:

- **UN Global Compact:** umfasst zehn universelle Prinzipien zu den Themen Menschenrechte, Arbeitsnormen, Umwelt und Korruptionsprävention für eine inklusivere und nachhaltigere Wirtschaft.
- **ILO – Kernarbeitsnormen:** Hierbei handelt es sich um Mindeststandards, die bisher von rund 140 Ländern ratifiziert wurden. Die vier Grundprinzipien sind die Beseitigung von Zwangsarbeit, die Abschaffung von Kinderarbeit, das Verbot der Diskriminierung in Beschäftigung und Beruf sowie die Vereinigungsfreiheit und das Recht auf Kollektivverhandlungen.
- **OECD-Leitsätze für multinationale Unternehmen:** bietet Unternehmen einen verbindlichen Verhaltenskodex unter anderem in den Bereichen Umweltschutz, Menschenrechte, Korruptionsbekämpfung und Wahrung von Verbraucherinteressen.

Diese Normen existieren nicht erst seit dem gestiegenen Interesse der Verbraucher an Nachhaltigkeit. Sie werden von Anbietern nachhaltiger Finanzprodukte bereits seit Jahrzehnten in der Auswahl von Einzeltiteln genutzt.

3. ESG-Integration

Die bereits erwähnten Buchstaben ESG – also Umwelt, Soziales und (gute) Unternehmensführung – werden sehr häufig von Fondsanbietern verwendet. Ein Anlagestil, der sich an den ESG-Kriterien orientiert, hat sich wie die beiden vorherigen am Markt stark etabliert.

Meiner Wahrnehmung nach impliziert der Begriff ESG-Integration in missverständlicher Weise viel Nachhaltigkeit. Nicht immer sind die entsprechenden Anlagen tatsächlich nachhaltig – was häufig zu Greenwashing-Vorwürfen führt.

Im Kern liegt der Fokus bei der ESG-Integration darauf, unterschiedliche Nachhaltigkeitsinformationen in Anlageentscheidungen einzubinden. Durch die Berücksichtigung von Positiv- und Negativkriterien (worin wird bevorzugt bzw. nicht investiert?) soll das Risiko des Portfolios gesenkt und im besten Fall die Rendite gesteigert werden.

Aber Vorsicht: Es werden keine Branchen oder Firmen mit schlechten ESG-Scores explizit ausgeschlossen! Somit wird das Anlageuniversum kaum eingeschränkt. Wer diesen Anlagestil nutzt, hat vorrangig eine finanzielle Motivation und weniger eine, die Welt zu retten.

ESG vs. SRI

Oft werden die beiden Abkürzungen ESG und SRI synonym verwendet. Es gibt jedoch Unterschiede:

- Die Abkürzung ESG steht übersetzt für **Umwelt, Soziales und (gute) Unternehmensführung**.
- SRI bedeutet Socially Responsible Investing und steht übersetzt für **sozialverantwortliches Investieren**. Produkte mit diesem Kürzel verwenden strengere Auswahlkriterien.

---

4. Engagement und Stimmrechtsausübung

Passend zusammengefasst, kann man diese Anlagestrategie mit „Voice and Vote!" erklären:

- **Voice:** Mit Voice bzw. Engagement ist der aktive Austausch zwischen Vermögensverwaltern und den investierten

Unternehmen gemeint. Das übergeordnete Ziel ist es, die Geschäftsführung sowie die Entscheidungsträger für das Implementieren von sozialen, ökologischen und ethischen Belangen zu gewinnen.

- **Vote:** Mit Vote ist die Ausübung von Stimmrechten gemeint. Als Inhaber von Aktien können wir diese Stimmrechte auf den jährlichen Hauptversammlungen ausüben. Wenn wir Anteile an Fonds und ETFs besitzen, dann übt die jeweilige Fondsgesellschaft unsere Stimmrechte über Investment Stewardship Teams aus. Gemäß aktuellem Bericht der britischen Wohltätigkeitsorganisation ShareAction nutzen vor allem europäische Vermögensverwalter ihre Stimmrechte für Beschlüsse, die Umwelt- und Sozialthemen betreffen. Bei den größten Vermögensverwaltern weltweit (BlackRock, Vanguard und State Street) besteht dagegen noch viel Aufholpotenzial.

> **Kleiner Hedgefonds – großes Engagement:**
> Der kleine US-Hedgefonds Engine No. 1 hat im Jahr 2021 für 50 Millionen US-Dollar Aktien des Ölkonzerns Exxon Mobil gekauft und sich somit Stimmrechte für die Hauptversammlung beschafft. In einer Kampfabstimmung sind drei von Engine No. 1 vorgeschlagene Mitglieder in den Exxon-Verwaltungsrat gezogen. So möchte der Hedgefonds den Ölmulti zu mehr Klimaschutz zwingen.

Der Gedanke hinter dieser Anlagestrategie: Wir sollten nicht ausschließlich in bereits nachhaltige Firmen investieren, sondern durch Voice und Vote die Transformation der großen klimaschädlichen Branchen vorantreiben.

5. Best in Class

Oft verwendet wird die Best-in-Class-Strategie. Bei diesem Anlagestil wird ermittelt, welches Unternehmen im Branchenvergleich die höchsten ökologischen, sozialen und ethischen Standards setzt. Allerdings ist diese Strategie nicht unumstritten. Das liegt daran, dass jede Branche als Investition infrage kommt. Hierzu gehören demnach auch die Automobil-, Bau-, Chemie- und Mineralölindustrie.

6. Best of Class

Anders verhält es sich bei dem Best-of-Class-Ansatz. Hier werden bestimmte Branchen vor vornherein ausgeschlossen. Der Fokus bei Investitionen liegt dann eher auf nachhaltigen Branchen wie erneuerbaren Energien, ökologischer Landwirtschaft, Green Buildings sowie der Förderung von Bildungs- und Kultureinrichtungen.

7. Best in Progress

Alle guten Dinge sind drei. Dieser Ansatz wählt gezielt Unternehmen für Investitionen aus, die die größten messbaren Fortschritte bei ihrer Nachhaltigkeitsleistung verzeichnen können. Das sind nicht zwangsläufig Unternehmen aus nachhaltigen Branchen. Beispiele hierfür sind die Stahl- oder Zementindustrie. Als Basis für die Auswahl dienen Bewertungen der Unternehmen durch Nachhaltigkeits-Ratingagenturen. Anlegern bietet sich so das Potenzial, eine positive wirtschaftliche Entwicklung mit einer positiven Wirkung für eine nachhaltige wirtschaftliche Entwicklung zu verbinden.

8. Nachhaltige Themenfonds

Bei diesen Fonds ist der Name Programm: Ein Wasserfonds wird vorrangig in Unternehmen investieren, die sich auf Wasserversorgung und -entsorgung, Filtersysteme und Wassersparfechnologien konzentrieren. Ein Klimafonds wiederum investiert in Firmen, die Klimaschutztechnologien entwickeln, ein Holzfonds in die nachhaltige Holzwirtschaft. Am häufigsten findet man diesen Anlagestil bei Erneuerbare-Energie-Aktienfonds wieder.

Was zu beachten ist: Grundsätzlich wird weniger darauf geachtet, wie nachhaltig die einzelnen Firmen sind. Vielmehr liegt das Augenmerk darauf, ob die ausgewählten Unternehmen in einer als nachhaltig eingestuften Branche tätig sind.

9. Impact-Investment

Das ist die Königsklasse unter den nachhaltigen Investmentstilen und entsprechend die bisweilen am wenigsten am Markt vertretene. Neben einer finanziellen Rendite zählt hier vor allem die sichtbare und messbare Einflussnahme auf soziale und ökologische Faktoren. Ein klassisches Beispiel hierfür sind Mikrofinanzfonds, bei denen Mikrokredite an Kleinunternehmer vergeben werden, damit diese durch die eigene Erwerbstätigkeit der Armutsspirale entkommen können. Dies geschieht vorwiegend in Schwellenländern und interessanterweise sind die Kreditnehmer in der Mehrzahl Frauen.

In den letzten Jahren zeigen vermehrt spezialisierte Vermögensverwalter, dass sie diesen wirkungsbezogenen

Anlagestil mit global ausgerichteten Portfolios bedienen können. Die größte Herausforderung ist und bleibt die Messbarkeit der Wirkung. Die Wissenschaft ist bemüht, hier Licht ins Dunkel zu bringen.

Es gibt eine große Anzahl an verschiedenen Investmentstilen. Nachhaltig zu investieren kann sehr viel bis sehr wenig bedeuten. Hüten Sie sich vor Werbeversprechen, die postulieren, dass Sie mit Ihrer Geldanlage „die Welt zu einem besseren Ort machen" können.

2.2 Welche Anlageklasse kann was?

Die verschiedenen Anlagestile können über unterschiedliche Anlageklassen umgesetzt werden. Die Wahl der geeigneten Anlageklassen wird beeinflusst durch die Flexibilität, die Sie wünschen, das Risiko, das Sie eingehen können und wollen, die Rendite, die Sie erzielen möchten, sowie den möglichen Anlagehorizont.

Kurzfristige Anlagen
Beträge, die Sie als Liquiditätsreserve ständig vorhalten müssen, werden Sie ungeachtet der niedrigen Zinsen und der hohen Inflationsrate vorrangig hier parken:
- Girokonto
- Tagesgeldkonto
- Festgeldkonto

Diese vermeintlich langweilige Anlageklasse kann durch die Auswahl einer nachhaltigen Bank zu einem schnellen und risikolosen Impact – also einer Wirkung – führen. Denn Kreditinstitute arbeiten zu einem gewissen Teil mit Ihrem Guthaben und vergeben Kredite. Leider werden Sie bei der Kontoeröffnung nicht gefragt wofür. Somit haben Sie vielleicht bereits unbewusst Kohleprojekte und Rüstungsexporte mitfinanziert bzw. sind Kunde einer Bank, die solche Investitionen fördert. Nachhaltige Banken dagegen veröffentlichen transparent, welche Unternehmen und Projekte sie mit Finanzierungen unterstützt haben.

Vermögensaufbau und Altersvorsorge

Hierzu eignen sich unterschiedliche Produktkategorien, die es sowohl in der konventionellen als auch nachhaltigen Ausgestaltung gibt. Dazu gehören:

- Staatlich geförderte Produkte wie die Rürup-Rente
- Betriebliche Altersvorsorge
- Private Rentenversicherung
- Investmentdepot mit Fonds, ETFs, Aktien und Anleihen

Es empfiehlt sich eine breite Mischung aus unterschiedlichen Produktarten. Präferenzen lassen sich aus der Art der Erwerbstätigkeit, der Risikoneigung, den bisherigen Kenntnissen und Erfahrungen, dem Einkommen und der familiären Situation ableiten.

Spezialthemen

Produktarten und Anlageklassen, die nicht als Erstinvestment, sondern eher als Beimischung dienen, sind:

- Rohstoffe und Währungen
- Crowdinvesting
- Alternative Investmentfonds (AIFs)
- Kryptowährungen

In diese Anlageklassen sollten Sie bitte erst investieren, wenn Sie Ihre Liquiditätsreserve separiert und die Themen Vermögensaufbau und Altersvorsorge auf solide Füße gestellt haben.

Mich erstaunt es immer wieder, wie vorschnell in diese Spezialthemen investiert wird, häufig ohne fundierte Kenntnisse und ohne sich dabei im Klaren zu sein, welche Risiken man eingeht.

Sicherlich spielt FOMO – die „Fear of missing out", also die Angst, etwas zu verpassen – eine Rolle, gerade bei Kryptowährungen. Mehr zum Thema Kryptowährungen erfahren Sie im Exkurs am Ende des Buches.

Unbestritten ist die positive Wirkung von Crowdinvesting-Projekten sowie direkten Investitionen in Alternative Investmentfonds, wie zum Beispiel in einen Wind- oder Solarpark. Doch trotz der guten Absichten sind in der Vergangenheit zahlreiche Anbieter pleitegegangen. Auch bei der Nachhaltigkeit gilt: Eine gute Idee schützt nicht vor einem möglichen finanziellen Schaden!

Das Investieren in grüne Geldanlagen ist vielschichtig und facettenreich. Allein bei den etablierten Investmentstrategien gibt es große Unterschiede. Zudem müssen Zielkonflikte bei den unterschiedlichen Anlagestilen berücksichtigt werden.

- Gehen Sie nach dem Ausschlussprinzip vor und wählen Sie die für Sie passenden Anlagestile aus.
- Überprüfen Sie, ob die gewünschte Anlagestrategie zu Ihren finanziellen Verhältnissen passt oder nicht doch Kompromisse eingegangen werden müssen.

Was ist der CO$_2$-Handabdruck?

Seite 45

Was sagt die Wissenschaft dazu?

Seite 48

Wie wird der Grundsatz „Do no significant harm" umgesetzt?

Seite 55

3. Die Wirkung nachhaltiger Geldanlagen

Jede Geldanlage hat eine Wirkung, unabhängig davon, ob es sich um ein Tagesgeldkonto, einen Investmentfonds, eine Aktie oder eine Direktbeteiligung, zum Beispiel an erneuerbaren Energien, handelt. In erster Linie investieren wir unser Geld, um eine Rendite zu erwirtschaften. Neben dieser finanziellen Wirksamkeit wächst jedoch auch das Bewusstsein dafür, dass unsere getätigten Investments positive, aber auch negative Auswirkungen auf Menschen und die Natur haben können.

Im Idealfall erzeugen wir eine positive Wirkung. Die Finanzwelt spricht hier von Impact-Investing, ein bisher eher kleiner Nischenmarkt, der zu Recht in Mode gekommen ist. Fondsanbieter und Marketingabteilungen haben erkannt, dass Investoren stärker emotional angesprochen werden, wenn sie den Eindruck haben, dass ihre getätigte Geldanlage eine messbare und sichtbare Wirkung erzielen kann. Neben dem bekannten Greenwashing lauert leider auch eine Impactwashing-Falle. Um dieser zu entkommen, müssen wir zuerst verstehen, was Impact ist und wie dieser erzeugt wird.

3.1 Die Herausforderung der Messbarkeit

Wer bereits die ersten Investitionen in nachhaltige Fonds oder ETFs getätigt hat, bekommt meist das Gefühl, etwas Gutes getan zu haben. Doch: „Nichts Böses anzurichten, heißt nicht automatisch, dass man etwas Gutes bewirkt hat." Diesen Satz habe ich schon oft von Professor Dr. Christian Klein von der Universität Kassel gehört. Er zeigt das Dilemma zwischen Wunsch und Wirklichkeit in Bezug auf die Wirkung nachhaltiger Geldanlagen. Gibt es eine global akzeptierte Definition von „Impact-Investment" und was hat der Markt bisher unternommen?

Erst mal (ein) GIIN & Toniic

Obwohl uns dieses Thema relativ neu erscheint, beschäftigt sich weltweit bereits eine große Community seit über einem Jahrzehnt mit Impact-Investment.

Die in New York ansässige Non-Profit-Organisation Global Impact Investing Network (GIIN) wurde 2009 gegründet und stellt eine Marktreferenz dar. In ihrer allgemein akzeptierten Definition heißt es, dass es bei Impact-Investments entscheidend ist, eine messbare positive soziale und ökologische Wirkung neben der finanziellen Rendite zu erzielen.

Ein Jahr später, im Jahr 2010, wurde in Kalifornien die Toniic Community – ebenfalls eine Non-Profit-Organisation – von Pionieren des Impact-Investings gegründet. Ihre Mitglieder bestehen aus Business Angels, Family-Offices, Fondsmanagern, institutionellen Investoren sowie vermögenden Privatpersonen. Hier wird ebenfalls global agiert. Die ca. 500 Mitglieder kommen aus über 25 verschiedenen Ländern und verfolgen das deklarierte Ziel, dass jede Kapitalanlage eine positive Wirkung auf Umwelt und Menschen haben soll.

Der CO_2-Fußabdruck

Mittlerweile gibt es viele Onlinerechner, die es ermöglichen, den eigenen CO_2-Fußabdruck zu errechnen. Wenn Sie das bereits gemacht und bis dahin geglaubt haben, schon nachhaltig unterwegs zu sein, war das Ergebnis wahrscheinlich ziemlich ernüchternd. Gemäß dem Rechner des WWF liegt der durchschnittliche Fußabdruck im Deutschland bei 12,27 Tonnen CO_2 und der weltweite Durchschnitt bei knapp der Hälfte, also bei 6,41 Tonnen CO_2 pro Einwohner. Mein persönlicher CO_2-Fußabdruck liegt zwar unter dem deutschen Durchschnitt bei knapp 10 Tonnen, was jedoch kein Grund zur Freude ist. Würde die gesamte Weltbevölkerung so leben wie ich, bräuchten wir mehr als zwei Planeten.

Motivation statt Frustration – der Handabdruck

Angesichts dieser Ergebnisse könnte der Eindruck entstehen, dass jegliche Bemühungen für mehr Klimaschutz und soziale Gerechtigkeit unzureichend sind. Warum die ganzen Anstrengungen, wenn es gefühlt niemals reichen wird?

Doch als Teil dieser Wohlstandsgesellschaft haben wir neben vielen Privilegien auch zahlreiche Optionen, uns im Alltag zu engagieren. Wir können durch unsere berufliche Tätigkeit, unser privates Konsumverhalten oder unser politisches Engagement einen wirkungsvollen Handabdruck hinterlassen. Dieses Konzept wurde vom Center for Environment Education (CEE) in Indien entwickelt, um unsere ökologischen Fortschritte stärker in den Fokus zu stellen, statt nur mit dem Finger auf die Dinge zu zeigen, die verbesserungswürdig sind.

Achtung: Ablasshandel

Der Handabdruck darf jedoch nicht dazu verleiten, einen modernen Ablasshandel zu betreiben, also eine Art Nullsummenspiel zu fördern, bei dem man etwa, weil man sich vegan ernährt, mehr Flugreisen unternehmen darf oder durch großzügige Spenden Kreuzfahrten kompensiert und so sein Gewissen beruhigt.

Es geht aber auch nicht darum, vollkommen asketisch zu leben. Das Ziel ist vielmehr, bewusste (Konsum-)Entscheidungen auf dem Weg zur Klimaneutralität zu treffen. Schritt für Schritt.

Leitlinien aus der Branche

Was wir (noch) nicht messen können, erlaubt Spielraum für Interpretationen und damit auch für Impactwashing. Die Reputation von Vermögensverwaltern und Banken steht abermals auf dem Spiel. Solange nicht alle Rahmenbedingungen der Taxonomie feststehen, bleibt eine zusätzliche Unsicherheit. Die Finanzmarktakteure, die es von Beginn an ernst meinen mit der Nachhaltigkeit, haben dies auch erkannt und Anfang 2022 sechs *Leitlinien zur Darstellung von Impact im Bereich wirkungsorientierter Investments* formuliert.

Dazu gehören unter anderem GLS Investments, die Pax-Bank sowie die Steyler Ethik Bank.

Folgende Fragestellungen werden thematisiert:

- **Wer ist für die sozial-ökologische Wirkung verantwortlich?** Dies kann anhand von Kapitalflüssen aufgezeigt werden. Der Impact kann sowohl vom Produktanbieter als auch allein von den investierten Firmen herrühren. Ist Letzteres der Fall, darf man sich nicht mit fremden Federn schmücken!

- **Was ist das Impact-Potenzial?** Durch den Dialog mit investierten Unternehmen, dem sogenannten Engagement, können Veränderungen angestoßen werden. Dies gilt es plausibel nachzuweisen.

- **Wie sehen die nachvollziehbaren Scoring-Modelle aus?** Welche gesellschaftliche Veränderung wird angestoßen mit welcher konkreten Zielsetzung? Denn ESG ist nicht Impact!

- **Welche Impact-Indikatoren werden verwendet?** Finanzkennzahlen mögen bei konventionellen Anlagen ausreichen, bei nachhaltigen Geldanlagen jedoch nicht. Think different – es muss anders gedacht werden.

- **Wie sieht es mit dem negativen Impact aus?** Dieser sollte möglichst vermieden werden. Da hilft es zum Beispiel, strenge Ausschlusskriterien anzuwenden oder faire Arbeitsbedingungen zu berücksichtigen.

- **Wie werden die 17 Nachhaltigkeitsziele verwendet?** Die 17 Sustainable Development Goals (SDG) der Vereinten Nationen – oft dargestellt in Form bunter Kästchen – repräsentieren die Hausaufgaben der Menschheit bis 2030.

Sie sollten nur von den Anbietern verwendet werden, die einen nachvollziehbaren Beitrag zu der Erreichung der Unterziele leisten. Practice what you preach! (Mehr zu den 17 Nachhaltigkeitszielen erfahren Sie in Kapitel 4.3.)

Die Branche betritt beim Thema Messbarkeit der Wirkung nachhaltiger Geldanlagen Neuland. Nichtregierungsorganisationen und Verbraucherschützer zeigen den Produktanbietern auf teilweise unangenehme Art und Weise, wo Fehltritte unternommen worden sind. Glaubwürdige Anbieter beobachten nicht nur diese Entwicklung, sondern beteiligen sich aktiv daran, mehr Transparenz zu schaffen.

Eine allgemeingültige Definition von „Impact" fehlt bisher. Vorreiter des Impact-Investings zeigen auf, was darunter zu verstehen ist. Neben Greenwashing gilt es auch Impactwashing zu verhindern. Neu formulierte Leitlinien geben Orientierung – sowohl für Produktanbieter als auch für Verbraucher.

3.2 Stand der Wissenschaft

Vor zehn Jahren mussten Professoren für Sustainable Finance ihren Kollegen an den Universitäten noch erklären, was genau sie unterrichten. Heute hat der Fachbereich den Mainstream erreicht, auch in Hinblick auf den akademischen Nachwuchs. Bedeutende Publikationen zu Forschungsergebnissen stammen unter anderem von den verschiedenen Lehrstühlen der Universitäten Kassel, Hamburg, Zürich, Dublin, Utrecht und Ontario in Kanada.

Grundsatzfrage

Aktuelle Forschungen auf diesem Gebiet beschäftigen sich vor allem mit der Frage, wie Kapitalmärkte einen Beitrag leisten können, die größten Herausforderungen unserer Zeit zu meistern, also unter anderem die Folgen des Klimawandels abzumildern.

Anfang 2021 veröffentlichten die Professoren Wilkens und Klein ein viel beachtetes Gutachten.[6] Dieses wurde von dem Verbraucherzentrale Bundesverband in Auftrag gegeben. Die Ergebnisse boten viel Diskussionsstoff in der Branche. In dem Gutachten wurde versucht, das Thema Wirkung greifbarer zu machen.

Wirkung über Wirkungskanäle

Das diffuse Gefühl, dass unsere grünen Geldanlagen einen positiven Einfluss auf die Erreichung von Nachhaltigkeitszielen haben sollten, wird zunehmend wissenschaftlich untersucht und bestätigt. Das Gutachten von Wilkens und Klein unterscheidet zwischen zwei direkten und einem indirekten Wirkungskanal:

- **Wirkungskanal A/Impact-Klasse 1:** Herzlichen Glückwunsch! Mit großer Wahrscheinlichkeit sind Sie durch die Investition in nachhaltige Aktien, Investmentfonds und ETFs bereits für indirekte transformative Wirkungen verantwortlich. Indem private Anleger vermehrt in nachhaltige Unternehmen investieren, kann deren Image verbessert werden. Dies beeinflusst das weitere Wachstum des Unternehmens als gefragter Arbeitgeber und Produktdienstleister. Dieser positive Dominoeffekt ist nicht zu unterschätzen. Empirische wissenschaftliche Studien hierzu lassen derzeit aber noch auf sich warten.

- **Wirkungskanal B/Impact-Klasse 2:** Welches Vorurteil hält sich hartnäckig, wenn es um grüne Geldanlagen geht? Dass Anleger damit auf Rendite verzichten müssen! Hier gibt es nun endlich die passende Einordnung, denn bei diesem Wirkungskanal spricht man von direkten transformativen Wirkungen über den Verzicht auf Rendite. Anleger tätigen hierbei bewusst Investitionen in renditeschwache Anlagen, um diese überhaupt erst zu ermöglichen.

- **Wirkungskanal C/Impact-Klasse 3:** Hier geht es um direkte Wirkungen über die Transformation von Unternehmen. Es kommt also ein bereits in Kapitel 2 beschriebener Anlagestil zum Tragen – Sie erinnern sich: Voice and Vote, also der direkte Dialog mit den Entscheidungsträgern der jeweiligen Firmen und die Stimmrechtsausübung. Auf diese Weise könnte es zu Handlungen kommen, die auf den ersten Blick weniger rentablen Projekten zur Umsetzung verhelfen, sodass dies ebenfalls mit Renditeverzicht verbunden sein kann.

Der Verzicht auf Rendite wurde fälschlicherweise seitens der Presse stark in den Fokus gestellt. Fest steht jedoch: Bei dem Transformationspfad zu einer nachhaltigeren Wirtschaft sollten wir Konzepte jenseits des Wachstumsdogmas offen diskutieren.

Primärmarkt vs. Sekundärmarkt

Gerade in Bezug auf das Thema Wirkung ist es wichtig, den Unterschied zwischen dem Primär- und dem Sekundärmarkt zu kennen:

- Auf dem **Primärmarkt** werden neu aufgelegte Wertpapiere wie Anleihen und Aktien platziert. Man spricht in dem Zusammenhang auch von Neuemissionen. Frisches Geld fließt also in neue Wertpapiere und damit in neue Investitionen.
- Am **Sekundärmarkt** sind dagegen die meisten Privatanleger unterwegs, denn dort werden die bereits im Umlauf befindlichen Wertpapiere wie ETFs, Fondsanteile und Aktien gehandelt. Es wechselt lediglich der Inhaber der Wertpapiere, ohne dass dafür neue herausgegeben werden.

Was bedeutet das für den Impact?

Direkter Impact kann auf dem Primärmarkt und indirekter Impact auf dem Sekundärmarkt entstehen.

Kritische Stimmen

Bei allem Fortschritt durch wissenschaftliche Untersuchungen bleiben doch kritische Stimmen, die das nachhaltigkeitsorientierte Investieren infrage stellen. Enttäuschte Nachhaltigkeitsbeauftragte großer Investmentkonzerne kehren medienwirksam ihren ehemaligen Arbeitgebern den Rücken. Ein gefundenes Fressen für reißerische Presseberichte. Dabei ist klar: Die Finanzindustrie ist sicherlich nicht *die* Lösung für die großen Probleme auf dieser Welt, jedoch ein nicht zu unterschätzender Teil der Lösung.

Das Thema Wirkung von nachhaltigen Geldanlagen darf nicht zu oberflächlich diskutiert werden. Es kommen laufend neue wissenschaftliche Erkenntnisse hinzu, die neue Facetten offenlegen. Wer einfache Ja-oder-Nein-Antworten sucht, wird enttäuscht. Die richtige Antwort lautet eher: Es kommt darauf an.

3.3 Weitere Perspektiven

Neben Wissenschaftlern arbeiten auch viele weitere Finanzmarktakteure engagiert daran, mehr Klarheit in das Thema Wirkung von grünen Geldanlagen zu bringen. Hierzu gehören Fachverbände, Versicherungsgesellschaften, nachhaltige Banken und sogar die Vermögensverwalter selbst. Da in den letzten Jahren das Thema Nachhaltigkeit den Mainstream erreicht hat, erhofft man sich eine ähnliche Entwicklung beim wirkungsorientierten Investieren.

Impact-Merkmale

Das Forum Nachhaltige Geldanlagen e. V. hat ebenfalls im Jahr 2021 eine Publikation zum Thema Impact veröffentlicht.[7] Die Autoren Florian Sommer und Dr. Helge Wulsdorf haben darin fünf Impact-Merkmale identifiziert:

1. Intentionalität
2. Additionalität
3. Wirkungskanäle
4. Messbarkeit
5. Transparenz

Impact-Merkmale

„Ja, ich will!" bzw. Intentionalität
Die Intention besteht, zu einer nachhaltigen Transformation der Wirtschaft und Gesellschaft beizutragen.

1

2

„Einen Nachschlag, bitte!" bzw. Additionalität
Der positive Beitrag des Investments soll signifikant sein.

„AM oder FM" bzw. Wirkungskanäle
Die direkten und indirekten Wirkungskanäle des Investments sollen erläutert werden.

3

4

„Größe und Gewicht" bzw. Messbarkeit
Der positive Beitrag muss anhand messbarer Kriterien dargelegt werden.

„Die Hosen runterlassen!" bzw. Transparenz
Über den positiven Beitrag muss transparent berichtet werden.

5

Diese Übersicht ist ein weiterer Schritt in die richtige Richtung: Sie hilft, das bisher unbekannte Thema Wirkung deutlich greifbarer zu machen. Die Grundvoraussetzung ist die explizite Intention, zu einer nachhaltigen Transformation der Wirtschaft und Gesellschaft beizutragen. Diese sollte eine signifikante Größenordnung haben. Wirkungskanäle spielen sich auf unterschiedlichen Frequenzen ab, die wiederum vom Anbieter verständlich erläutert werden müssen. Das Ergebnis wird anhand von messbaren Kriterien dargelegt und transparent offengelegt.

Mittendrin statt nur dabei

Eine weitere wissenschaftliche Veröffentlichung aus dem Jahr 2021 mit dem Titel: „Impact Investments: a call for (re)orientation"[8] gibt eine zusätzliche Hilfestellung bei der Frage, was Impact ist. Dort wird die Entwicklung in drei Phasen aufgeteilt:

- **Sustainable Finance 1.0:** In der Anfangszeit des nachhaltigen Investierens wurde meist aus rein ethischen Gründen mit einem Fokus auf Ausschlusskriterien gehandelt. Ein Beispiel hierfür sind die Quäker, eine kleine Religionsgemeinschaft in Amerika im 18. Jahrhundert. Sie verboten ihren Mitgliedern auf ihrer Jahresversammlung 1758, am Sklavenhandel teilzunehmen
- **Sustainable Finance 2.0:** In dieser Phase befinden wir uns seit einigen Jahren. Die Integration von ESG-Kriterien bei der Geldanlage hat den Mainstream erreicht. Der Fokus liegt mehr auf dem Minimieren von (finanziellen) Risiken im Portfolio.

- **Sustainable Finance 3.0:** Die Herausforderung besteht darin, den Sprung von 2.0 auf 3.0 zu schaffen. Die Branche muss sich neu orientieren: zu echter Wirkung bzw. Impact.

Den Ausführungen nach ist es sinnlos, ewige Debatten darüber zu führen, was eine echte nachhaltige Geldanlage ist. Vielmehr sollte die konkrete, messbare Wirkung als Bewertungskriterium im Mittelpunkt stehen. Hierbei helfen die Differenzierungsmerkmale, anhand derer sich beurteilen lässt, ob das jeweilige Produkt wirkungsorientiert (impact-aligned) oder wirkungserzeugend (impact-generating) ist.

DNSH – Do no significant harm

Richte keinen signifikanten Schaden an! Ist doch logisch, oder? Bezogen auf die Taxonomie-Verordnung heißt dieser Grundsatz „Vermeidung erheblicher Beeinträchtigungen". Die Verordnung ist erst einmal auf Aktivitäten fokussiert, die auf die folgenden sechs vereinbarten Umweltziele der EU ausgerichtet sind:

1. Klimaschutz
2. Anpassung an den Klimawandel
3. Nachhaltige Nutzung und Schutz der Wasser- und Meeresressourcen
4. Übergang zu einer Kreislaufwirtschaft
5. Vermeidung und Verminderung von Umweltverschmutzungen
6. Schutz und Wiederherstellung der biologischen Vielfalt und der Ökosysteme

Die Taxonomie richtet sich nicht nur an Banken und Versicherungsgesellschaften, sondern auch an Unternehmen aus der Realwirtschaft.

Was ist dann taxonomiekonform?

Taxonomiekonform sind demnach alle Wirtschaftstätigkeiten, die einen wesentlichen Beitrag zu mindestens einem der Umweltziele leisten. Wichtig ist, dass dabei kein anderes Umweltziel beeinträchtigt wird. Soziale Mindestanforderungen wie zum Beispiel die Wahrung von Menschenrechten müssen ebenfalls erfüllt werden.

Ist Atomkraft jetzt plötzlich nachhaltig?

Zum Jahreswechsel 2021/2022 kam dann ein Knaller der anderen Art: Die EU-Kommission empfiehlt, Energie aus Atom- und Erdgaskraftwerken unter gewissen Einschränkungen ebenfalls als nachhaltige Wirtschaftstätigkeit zu klassifizieren. Wie bereits erwähnt, hatten hier vermutlich Lobbyisten ihren Einfluss geltend gemacht. Die Folge dieser Entscheidung wäre, dass diese deklarierten Brückentechnologien Investitionsobjekte zum Beispiel von nachhaltigen Fonds werden können.

Bilden Sie sich hierzu bitte Ihre eigene Meinung, so wie es auch Fondsmanager und Vermögensverwalter getan haben. Investmentlösungen wird es trotz dieser Entscheidung nach wie vor mit und ohne diese Brückentechnologien geben.

Das Ziel grüner bzw. nachhaltiger Geldanlagen ist es, eine positive Wirkung (Impact) zu entfalten. Bisher gibt es für den Begriff „Impact" keine einheitliche Definition. Fest steht:

- Der Pfad des wirkungsorientierten Investierens ist schon lange und in unterschiedlicher Form beschritten worden.
- Beim Thema nachhaltige Geldanlagen ist eine rasante Weiterentwicklung zu beobachten. Der Gesetzgeber, die Wissenschaft und Finanzmarktakteure schaffen dabei zunehmend Klarheit, was genau unter „Impact" zu verstehen ist.

Wie ist es um Ihr Basiswissen in Sachen Geldanlage bestellt?

Seite 60

Welche Siegel sind gute Orientierungshilfen?

Seite 65

Wie erkennen Sie, ob Sie mit Ihrem Berater auf einer Wellenlänge sind?

Seite 74

4. Nachhaltig investieren in der Praxis

Genug der Theorie! Das Schwierigste ist, vom Lesen ins Handeln zu kommen. Die Informationsmöglichkeiten sind schier unendlich und dabei den Fokus zu behalten, ist nicht einfach. In unzähligen Gesprächen mit Interessenten wird mir dieses Dilemma immer wieder geschildert. Konzentrieren wir uns im Folgenden auf die Dinge, die Sie weiterbringen.

4.1 Basiswissen ist Trumpf!

Basiswissen ist essenziell, um Fehlinvestitionen zu vermeiden. Es verhält sich damit wie mit den Sicherheitshinweisen im Flugzeug: Diese müssen wir uns zwingend vor Abflug zeigen lassen, damit wir bei einem unwahrscheinlichen Notfall wissen, was zu tun ist.

Checkliste – Sicherheitsinstruktionen

Prüfen Sie anhand dieser Checkliste, ob Sie bedenkenlos mit dem Investieren starten können.

- ✓ Sie können Ihre Einnahmen und Ausgaben nachts um drei herunterbeten und wissen, wie hoch Ihr monatlicher Überschuss zum Investieren ist.
- ✓ Von dem gewünschten Anlagebetrag haben Sie einen Sicherheits- bzw. Liquiditätspuffer separiert, sodass Sie jederzeit finanzielle Durststrecken gut überbrücken können.
- ✓ Unerwartete Turbulenzen in Form von gesundheitlichen Risiken oder Schäden an Ihrem Hab und Gut sollten Sie nicht aus dem Lot bringen. Wenn diese abgesichert sind, geht's weiter.
- ✓ Sind bei Ihnen noch Altlasten in Form von Konsumschulden an Bord? Diese sollten vorrangig Ihre Aufmerksamkeit erhalten. Werden Sie diese Schulden los, um sorgenfrei weiterreisen zu können.
- ✓ Heute schon an morgen gedacht? Sie kennen die drei Schichten der Altersvorsorge und besparen im besten Falle bereits die für Sie passenden Bausteine.

> **Die drei Schichten der Altersvorsorge**
> 1. Die erste Schicht umfasst die gesetzliche Rentenversicherung, die Basisrente, auch Rürup-Rente genannt, sowie die berufsständischen Versorgungen wie zum Beispiel für Ärzte und Rechtsanwälte. Die Beamtenversorgung wird hier ebenfalls zugeordnet.
> 2. Unter die zweite Schicht fallen die fünf Durchführungswege der betrieblichen Altersvorsorge sowie die unliebsame Riester-Rente.
> 3. Wer in ein eigenes Investmentportfolio einzahlt oder eine private Rentenversicherung bespart, tut dies in der dritten Schicht.

Das Risiko bzw. die Gefahr von Turbulenzen

Ehe man ein Flugzeug besteigt, sollte man zumindest wissen, dass es sie gibt: Turbulenzen. Manchmal werden diese vom Flugpersonal angekündigt, manchmal erwischen sie einen eiskalt. Die gute Nachricht ist, dass sie nicht von Dauer sind und in den meisten Fällen nicht zum Absturz führen. Wenn Sie vorab über die Möglichkeit, die Intensität und die mögliche Dauer ausführlich informiert worden sind, wird es Ihnen leichter fallen, damit umzugehen. Problematisch wird es, wenn Sie der Meinung sind, dass immer nur Kaiserwetter herrschen wird.

An der Börse verhält es sich nicht anders. Wer über die Gesetzmäßigkeiten der Märkte Bescheid weiß und die persönliche Risikotragfähigkeit ermittelt hat, wird aller Voraussicht nach mit Disziplin und Ausdauer am designierten Ziel ankommen.

Wo spielt die Musik?

In Zeiten, in denen der MSCI World Index so bekannt ist wie ein bunter Hund, sollte man davon ausgehen dürfen, dass der Grund für diese Popularität des Index ebenfalls bekannt

ist. Als globaler Index bildet der MSCI World die Kursent-
wicklung von ca. 1.600 Aktien aus 23 Industrieländern ab
und spiegelt damit auch ca. 85 Prozent der weltweiten
Marktkapitalisierung wider. Diese ergibt sich aus der Zahl
der im Umlauf befindlichen Aktien multipliziert mit dem
aktuellen Börsenkurs.

Schauen wir uns diese Marktkapitalisierung nach Ländern an, ergibt sich per Ende 2020 folgendes Bild:

- USA: 57 Prozent (!)
- Kanada: 3 Prozent
- Großbritannien: 4 Prozent
- Deutschland: 2 Prozent
- Frankreich: 3 Prozent
- China: 5 Prozent
- Indien: 2 Prozent

Meist fällt erst auf den zweiten Blick auf, dass der globale
Süden, also der gesamte afrikanische und südamerikanische
Kontinent, wenig bis gar nicht vertreten ist. Nachwehen von
300 Jahren Kolonialismus? Zahlreiche Rohstoffe wie Kaffee,
Kakao, Gold oder seltene Erden stammen aus diesen Ländern. Die Wertschöpfung findet jedoch vor allem im globalen Norden statt.

Streuen, streuen, streuen!
Eine Investmentstrategie sollte global ausgerichtet sein.
Darüber hinaus ist es unerlässlich, über viele verschiedene
Regionen, Länder und Branchen hinweg zu investieren.
Gerade an Nachhaltigkeit interessierte Anleger neigen dazu,

bestimmte Branchen zu stark zu gewichten oder das Anlageuniversum zu stark einzuschränken. Dies erhöht unnötigerweise mögliche Verlustrisiken. Junge, aufstrebende Firmen können einen Renditeturbo oder einen Totalverlust im Depot darstellen.

Aktive Investmentfonds vs. ETFs

Ein wahrer Glaubenskrieg ist hier in den letzten Jahren ausgebrochen: Während das eine Lager in ETFs die kostengünstige Lösung aller Altersvorsorgeprobleme sieht, verweist das andere Lager darauf, dass echtes, wirkungsorientiertes Investieren bzw. Impact nur über die aktive Vermögensverwaltung möglich ist.

Was für ETFs spricht:

Fest steht, dass die internen Verwaltungskosten von ETFs unschlagbar günstig sind, denn sie benötigen kein aktives Management. Jeder ETF richtet sich nach einem zuvor festgelegten Index. Die geringen Kosten begünstigen wiederum die langfristige Rendite der Anlage. Außerdem haben aktive Fondsmanager in den seltensten Fällen den Markt geschlagen. Warum also in aktive Investmentfonds investieren?

Was für aktiv gemanagte Fonds spricht:

Alle Informationen, die wir heute für Anlageentscheidungen verwenden, sind vergangenheitsbezogen. Ich frage mich seit Langem, ob eine siebenprozentige Durchschnittsrendite des MSCI World Index angesichts der Folgen des

Klimawandels bedenkenlos in die Zukunft übertragen werden darf. Metastudien belegen die zunehmende Resilienz von nachhaltig ausgerichteten Portfolios bei Börsenkorrekturen. Gleichzeitig zeigen neueste wissenschaftliche Erkenntnisse, dass das gezielte Divestment seitens der Anleger dazu führen kann, dass emissionsstarke Unternehmen genau diese Emissionen reduzieren.[9] Eine kritische Masse an Anlegern kann daher viel bewirken. Divestment geht bei ETFs aufgrund der festgelegten Struktur leider nicht. Anderseits können (und sollten) Indexanbieter über die Ausübung ihrer Stimmrechte auf Hauptversammlungen für mehr Umweltschutz und soziale Gerechtigkeit abstimmen.

Fazit:

Jede Strategie hat ihre Vor- und Nachteile. Handeln Sie am besten nicht zu dogmatisch und betreiben Sie auch in dieser Frage eine vernünftige Risikostreuung.

Achtung: Grauer Kapitalmarkt!

Den Teil des Kapitalmarkts, der nicht reguliert ist, bezeichnet man als „grauen Kapitalmarkt". Diese Anlageklasse hat meines Erachtens das größte Enttäuschungspotenzial. Warum? Weil die meisten Anleger sich nicht darüber im Klaren sind, dass hier ein Totalverlust möglich ist. Zum grauen Kapitalmarkt gehören Direktinvestments, Nachrangdarlehen, Genussrechte, Namensschuldverschreibungen, Unternehmensbeteiligungen und Kryptowährungen.

In diese Anlageform sollten nur erfahrene und informierte Anleger investieren, die sich der Funktionsweise und Komplexität der Produkte bewusst sind und sie als Beimischung zum Gesamtvermögen nutzen. Gleichwohl muss festgehalten werden, dass diese Anlageklasse zum Primärmarkt gehört. Das bedeutet, dass hierüber eine direkte Wirkung bzw. ein Impact erzielt werden kann. Auf das Thema Kryptowährungen gehe ich am Ende des Buches noch etwas genauer ein.

Jeder, der am Kapitalmarkt investiert, sollte sich ein Mindestmaß an Basiswissen aneignen, um nicht von den ersten Turbulenzen aus der Bahn geworfen zu werden. Jede Anlageklasse hat eine andere potenzielle Wirkung bzw. einen anderen Impact.

4.2 Siegel und Ratings

Hand aufs Herz: Wenn es darum geht, ein eigenes Depot zusammenzustellen, ist eine der größten Herausforderungen, die passenden Anlagen zu finden. Haben Sie die Zeit und das Know-how, sich tausend verschiedene Fonds, ETFs und Einzeltitel anzuschauen? Wenn Sie diese Frage mit Nein beantworten, befinden Sie sich in guter Gesellschaft. Was kann man da tun? Eine Möglichkeit ist, bei der Auswahl nach geeigneten Gütesiegeln Ausschau zu halten. In der Fondslandschaft stehen uns verschiedene Siegel zur Verfügung.

Gängige SRI-Qualitätssiegel in Europa

Qualitätssiegel geben uns eine erste Orientierungshilfe im Dschungel der Produktvielfalt. Hier ein Überblick über die neun etablierten europäischen Siegel für nachhaltige Anlagen:

- Umweltzeichen (Österreich)
- FNG-Siegel (DACH-Region)
- Towards Sustainability (Belgien)
- SRI Label (Frankreich)
- Greenfin (Frankreich)
- Nordic Swan (skandinavische Länder)
- LuxFLAG ESG (Luxemburg)
- LuxFLAG Climate Finance (Luxemburg)
- LuxFLAG Environment (Luxemburg)

Siegel werden nie an einen Produktanbieter vergeben, sondern immer – zeitlich begrenzt – an ein bestimmtes Produkt bzw. einen bestimmten Fonds.

Gemäß dem französischen Analysehaus Novethic sind bis zum ersten Halbjahr 2021 insgesamt 2.063 ESG-Fonds mit mindestens einem dieser Siegel ausgezeichnet worden.[10] 73 weitere grüne Fonds sind ebenfalls mit einem Siegel ausgezeichnet worden.

Bewerber für alle neun erwähnten europäischen Qualitätssiegel müssen eine Gebühr entrichten, die sich von 3.000 Euro bis variabel bewegt. Wichtig ist dabei, dass diese Gebühr keinen Einfluss auf die Siegelvergabe hat.

> **Was sind grüne Fonds?**
> Sogenannte grüne Fonds bilden eine Nische innerhalb der Themenfonds.
> Sie investieren in Aktien und Anleihen von die Umwelt fördernden Unternehmen. Diese bieten Produkte aus dem Bereich der Energieerzeugung aus erneuerbaren Quellen, aus dem Bereich der nachhaltigen Wasserwirtschaft oder der Energieeffizienz an.

Achtung: Unterschiedliche Methodik!

Wer bei diesen Siegeln erwartet, einen homogenen Bewertungskatalog vorzufinden, wird zwangsläufig enttäuscht werden. Die vollkommen unterschiedlichen Entstehungsgeschichten der einzelnen Siegel sowie methodische Unterschiede lassen keine Einheitlichkeit zu. Schauen wir uns dafür zwei der wichtigsten Siegel im deutschen Sprachraum genauer an:

Das österreichische Umweltzeichen (UZ)

Gegründet wurde dieses Siegel bereits im Jahr 1990. Es fußt auf der Idee, im Marktvergleich (!) umweltfreundliche Produkte und Dienstleistungen auszuzeichnen. 2004  erfolgte die Erweiterung für Finanzprodukte und somit ist das Umweltzeichen das älteste Finanzgütesiegel in Europa.

Bis 2019 wurde nur der Fondsbereich ausgezeichnet, seit 2020 können zusätzlich Spar- und Girokonten sowie Green Bonds das Siegel erhalten.

Die Umweltzeichen-Richtlinie UZ 49 ist die Vergabegrundlage für die Zertifizierung. Deren Entwicklung findet als transparenter und partizipativer Prozess statt. Der Revisionszyklus beträgt vier Jahre. Dann werden die Kriterien angepasst.

Der Kriterienkatalog besteht aus vier Säulen:

1. Ausschluss- und Positivkriterien,

2. Qualität des Researchs,

3. Transparenzanforderungen und

4. Bonussektion (CO_2-Messung, Engagement).

Die Initiatoren sehen eine starke Nachfrage für ihr Qualitätssiegel bei entsprechend gutem Angebot. Produktanbieter könnten die Richtlinien auch ohne Zertifizierung als Leitfaden verwenden.

Das FNG-Siegel

2015 ist dieses Siegel nach einem dreijährigen Entwicklungsprozess auf den Markt gekommen. Beteiligt an der Entwicklung waren unter anderem Wissenschaftler, NGOs, Vermögensverwalter sowie Ratingagenturen.

Mit dem Siegel können Fonds und ETFs ausgezeichnet werden. Die ganzheitliche Methodik des FNG-Siegels basiert auf einem Mindeststandard. Zu diesem Pflichtprogramm gehören auch der Ausschluss folgender Branchen:

- Waffen und Rüstung
- Kernenergie
- Kohle
- Fracking und Ölsande
- Tabakproduktion

Die Berücksichtigung von Menschen- und Arbeitsrechten, des UN-Biodiversitäts- und des Klimaabkommens sowie der Atomwaffensperrverträge gehört ebenfalls zu den Mindeststandards. Jedes zertifizierte Produkt muss ein vollständig ausgefülltes Nachhaltigkeitsprofil vorlegen. Zusätzlich muss der Produktanbieter zu den Unterzeichnern des Transparenz-Kodex von Eurosif zählen.

Nach der Pflicht kommt die Kür. In einem weiteren Stufenmodell werden Produktstandards wie der Research- und der Investmentprozess und das Reporting durchleuchtet:

- Wie sieht es in Sachen institutionelle Glaubwürdigkeit aus?
- Welche Investitionspolitik wird betrieben?

Zur Kür gehört ebenfalls ein Portfolio-Fokus, bei dem unter anderem das Auswahlverfahren geprüft und der Dialog zwischen Fondsmanagement und investierten Unternehmen betrachtet wird:

- Sind Stimmrechte ausgeübt worden oder

- ist man mit entsprechenden Unternehmen in den Dialog gegangen bzw. hat Engagement betrieben?

Das Siegel gibt es in vier Ausgestaltungsformen: Beginnend mit der Erfüllung der reinen Pflichtangaben gibt es das Siegel ohne Stern. Basierend auf einem Stufenmodell können zusätzlich bis zu drei Sterne vergeben werden, je nachdem, zu wie viel Prozent die Anforderungen der Kür erfüllt worden sind. Die höchste Auszeichnung sind drei Sterne.

Das FNG-Siegel im Faktencheck:
- 2016 haben 35 Fonds das Siegel erhalten.
- 2022 haben 257 Fonds das Siegel erhalten, darunter erstmalig auch ETFs.
- 102 Fondshäuser bewerben sich aktuell (Frühjahr 2022) um das Siegel.
- Das Volumen der ausgezeichneten Finanzprodukte beträgt insgesamt ca. 120 Milliarden Euro.

Wie beim österreichischen Umweltzeichen besteht eine starke Dynamik im Vergleich zum Vorjahr. Insgesamt ist die Anzahl der Bewerbungen um mehr als 60 Prozent gestiegen.

Glaubwürdigkeit ist die neue Währung an der Börse. Um die Unabhängigkeit der Siegelvergabe zu gewährleisten, ist die Universität Hamburg externer Auditpartner. Ein Multi-Stakeholder-Komitee überwacht den Vergabeprozess und ist gleichzeitig das Beratungsgremium.

Das EU-Ecolabel – Top oder Flop?

Das EU-Ecolabel ist bereits für über 800 Produkte wie Waschmittel, Kopierpapier oder Sanitärreiniger vergeben worden. Seit 2018 ist das Label für Finanzprodukte in Planung. Die Idee ist, ein sehr strenges Finanzlabel zur Verfügung zu haben. Dies spiegelt die Erwartungshaltung der Verbraucher wider, die sich eine sichere, eindeutige Orientierungshilfe wünschen. Leider ist diese Herangehensweise aus heutiger Marktsicht realitätsfremd. Klar, ein lupenreines Qualitätssiegel könnte auch niemals mit Greenwashing-Vorwürfen konfrontiert werden. Zu strenge Vergabekriterien hätten jedoch zur Folge, dass das Anlageuniversum sich massiv verkleinern würde. Ein Fonds, der nur auf „dunkelgrüne" Unternehmen setzt, hat ein starkes Diversifikationsproblem und womöglich ein unausgewogenes Rendite-Risiko-Profil.

Erste Studien sind zu folgendem ernüchterndem Ergebnis gekommen: Von mehr als zehn selbst deklarierten „grünen Fonds", die im Rahmen der Studien untersucht wurden, hätte sich keiner für das EU-Ecolabel qualifiziert.

> **Ein Siegel ist kein Erfolgsgarant!**
> Alle hier erwähnten Siegel beziehen sich auf Nachhaltigkeitsthemen. Sie machen also keine Aussage über den finanziellen Erfolg eines ausgezeichneten Anlageproduktes!

Die Sache mit den Toleranzgrenzen

Bei allen gängigen Qualitätssiegeln werden Sie Toleranzgrenzen von bis zu fünf Prozent finden, wenn es um Ausschlusskriterien wie fossile Brennstoffe, Kernenergie, Rüstung oder Agrochemie geht. Diese Toleranzgrenzen sollen nicht etwa zu Greenwashing einladen, sondern sind letztlich ein Zeichen für Transparenz und Ehrlichkeit. Denn die Einhaltung einer Null-Toleranz-Politik könnte niemand garantieren, gerade in Hinblick auf Zulieferketten und die an anderer Stelle bereits erwähnte Dual-Use-Problematik (s. Beispiel Rüstung in Kapitel 2.1). Wir dürfen uns nicht der Illusion hingeben, dass jegliche Menschen- und Arbeitsrechtsverstöße kategorisch vermeidbar wären.

Portale der Verwirrung?

Glücklicherweise wird der Markt zu mehr Transparenz gezwungen und die zur Auswertung stehenden Datenquellen werden immer größer. Öffentliche Portale, um nachhaltige Fonds zu vergleichen, wie Faire Fonds, Facing Finance und MeinFairMögen, leisten einen wertvollen Beitrag zur weiteren Aufklärung beim Thema nachhaltige Geldanlagen. Zu beachten ist jedoch, dass jedes Portal eine eigene Bewertungsmethodik verwendet. Dies kann im schlechtesten Fall dazu führen, dass ein und derselbe Fonds bei einem Portal als „grün" und bei dem anderen als „braun" eingestuft wird.

Das Geschäft mit den Siegeln

Produkte bestückt mit einem werbewirksamen Siegel können uns das Gefühl vermitteln, es handele sich um geprüfte und vertrauenswürdige Qualität. Genau das machen sich Marketingabteilungen zunutze. In Deutschland soll es über 700 mehr oder minder seriöse Testveranstalter geben. Siegel zu Finanzprodukten werden mitunter dabei sein. Seriöse Anbieter erkennen Sie daran, dass diese offen und transparent über den Vergabeprozess, das Audit und die möglichen Kosten eines Siegels berichten können.

Ratings

Eine eher untergeordnete Rolle spielen Ratings für Privatanleger. Doch vor allem Anbieter von nachhaltigen Finanzprodukten müssen im Zuge der neuen Berichts- und Offenlegungspflichten des EU-Aktionsplans auf valide Daten zugreifen und nutzen daher Ratingagenturen. Denn die Datenflut will auch beherrscht werden. Genauso dynamisch wie die nachhaltigen Finanzprodukte hat sich der Markt der nachhaltigen Anbieter entwickelt. Namhafte auf Nachhaltigkeit spezialisierte Ratingagenturen sind:

- ISS ESG
- Sustainalytics
- imug rating
- Vigeo Eiris (V.E)
- MSCI ESG

Im Unterschied zu konventionellen Ratingagenturen sind es hier die Nutzer der Daten, die die Nachhaltigkeitsratings bezahlen. Dazu gehören institutionelle Investoren und Vermögensverwalter, die anhand dieser Daten Investitionsentscheidungen treffen müssen.

Wie die Anbieter von Siegeln verwendet auch jedes Analysehaus eine andere Methodik. Die Ergebnisse sind daher wenig standardisiert. Die Gewichtung der verwendeten Kriterien kann von Anbieter zu Anbieter sehr unterschiedlich sein. Dies führt zwangsläufig zu unterschiedlichen Bewertungen ein und derselben Firma.

Die Unterschiede in der Methodik haben jedoch auch einen Vorteil: Die Nutzer der Ratings haben so die Möglichkeit, das Analysehaus auszuwählen, das dem ausgewählten Nachhaltigkeitsansatz am nächsten kommt.

Vom Nutzen der Nachhaltigkeitsberichterstattungen
Massenhaft Daten zu liefern mag im ersten Moment sehr transparent wirken. Letztendlich haben Nachhaltigkeitsberichtserstattungen aber eine wesentlich wichtigere Rolle als das Erfüllen von Checklisten. Verglichen mit einer Diät hilft es uns wenig, wenn wir zwar fleißig alle Kalorien zählen und aufschreiben, aber weiterhin täglich ungesundes Essen in Form von Pizza, Burger, Eis und Süßigkeiten zu uns nehmen. Zukünftig wird die Wirkungsmessung, also das Ergebnis des vorangegangenen Reportings, von Bedeutung sein.

Die Landschaft der nachhaltigen Siegel und Ratings ist sehr heterogen. Seit 2015 hat sich der Markt deutlich vergrößert. Verschiedene Siegelanbieter und Ratingagenturen bieten eine fundierte Orientierungshilfe im Dschungel der Anlagemöglichkeiten. Eine hundertprozentige, lupenreine „dunkelgrüne" Lösung kann jedoch kein Anbieter leisten.

4.3 Tipps für das Beratungsgespräch

Sie haben mehrere Bücher zum Thema gelesen, endlose YouTube-Videos angesehen, mit Familie und Freunden diskutiert und haben trotzdem das Gefühl, es fehlt noch was? Dann könnte es sinnvoll sein, sich mit einem fachlich qualifizierten Berater zusammenzusetzen.

> **Stimmt die Wellenlänge?**
> Das Thema Nachhaltigkeit ist für Banken und Berater ebenfalls neu und die Komplexität nicht zu unterschätzen. Sinnvoll ist es, den Berater oder die Beraterin vorab zu fragen, wie er oder sie zum Thema grundsätzlich steht und wie die eigenen Investments getätigt werden. Das könnte Aufschluss darüber geben, ob diese Person mit Ihnen auf einer Wellenlänge ist.

Schauen wir uns erst einmal an, welchen Einfluss die neuen gesetzlichen Vorgaben haben werden.

Die EU-Taxonomie – kompakt

Das übergeordnete Ziel des EU-Aktionsplan ist klar: Klimaneutralität bis 2050. Als Zwischenziel ist eine Reduktion der Emissionen im Vergleich zu den Werten von 1990 um 55 Prozent bis 2030 vorgesehen. Zur Erreichung dieser Ziele müssen enorme Investitionssummen mobilisiert werden – auch mit Unterstützung der Privatwirtschaft, also unserem Geld.

Mit der EU-Taxonomie-Verordnung wird eine Klassifizierung von nachhaltigen Wirtschaftstätigkeiten vorgenommen. Dadurch entstehen klare Regeln und Rahmenbedingungen sowie Berichtspflichten. Ab Ende 2021 müssen unter anderem alle Unternehmen, die Finanzprodukte in der EU vertreiben, einen jährlichen Nachhaltigkeitsbericht abgeben. Darin muss zum Beispiel berichtet werden:

- Welcher Beitrag leistet das Investment zu welchem Umweltziel/welchen Umweltzielen?
- Welcher prozentuale Anteil der Investition ist taxonomiekonform?

Beispiele für Finanzprodukte, die unter die EU-Taxonomie-Verordnung fallen:

- Aktienfonds
- ETFs
- Rentenfonds
- Immobilienfonds
- Alternative Investmentfonds (AIFs)
- Fondsgebundene Versicherungen

Das sind genau die Geldanlagen, die wir unter anderem für den Vermögensaufbau und die Altersvorsorge nutzen.

Bereits seit März 2021 gilt die EU-Offenlegungsverordnung u. a. für alle Unternehmen, die Finanzprodukte in der EU vertreiben. Sie soll für mehr Transparenz sorgen, indem sie aufzeigt, inwiefern Finanzprodukte nachhaltige Anlageziele verfolgen sowie ökologische und soziale Merkmale aufweisen. Und das alles in einem standardisierten Format.

Es wird unterschieden in konventionelle Fonds nach Artikel 6 und nachhaltige Fonds nach Artikel 8 und 9 der Verordnung:

- Artikel 6: Berücksichtigung von Nachhaltigkeitsrisiken auf Produktebene **(Basic)**
- Artikel 8: Vorvertragliche Informationspflichten bei der Bewerbung ökologischer oder sozialer Merkmale **(ESG)**
- Artikel 9: Vorvertragliche Informationspflichten bei nachhaltigen Investitionen **(ESG-Impact)**

Zugegeben, das hört sich alles extrem technisch an. Wichtig für Sie ist es, zu wissen, dass nach und nach Klassifizierungen eingeführt werden, die es Anlegern deutlich erleichtern soll, nachhaltige von nicht nachhaltigen Geldanlagen zu unterscheiden.

Nachhaltigkeitspräferenzen im Beratungsgespräch

Seit dem 2. August 2022 werden Ihre Nachhaltigkeitspräferenzen im Beratungsgespräch abgefragt. Was glauben Sie? Führt eine neue Fragestellung dazu, dass Menschen sich auf einmal Gedanken über Dinge machen, die früher in der Finanzberatung nicht existierten? Meine klare Meinung: Ja! Sobald Hintergründe sichtbar werden, regen diese zum Nachdenken an.

Fünf Fragen für das Beratungsgespräch:

- *Warum bieten Sie mir genau diese Geldanlage an?*
- *Wie sieht die Gebührenstruktur aus?*
- *Was sind die Top-10-Positionen im Fonds/ETF?*
- *Bezogen auf Nachhaltigkeit: Was zeichnet diese Anlage besonders aus?*
- *Warum arbeiten Sie mit diesem Produktanbieter zusammen? Hat dieser eine ausgewiesene Expertise im Bereich Nachhaltigkeit?*

Mit diesen Fragen haben Sie die Möglichkeit, das Gespräch selbst zu lenken, und werden nicht von schönen Prospekten und gängigen Floskeln abgelenkt. Gleichzeitig bekommen Sie einen besseren Eindruck, wie authentisch mit dem Thema Nachhaltigkeit umgegangen wird und ob der Berater qualifiziert ist, zu diesem Thema zu beraten.

Greenwashing erkennen

Die Grenzen des Greenwashings sind mitunter schwammig und schwer erkennbar. Folgende Tipps helfen Ihnen dabei:

- Sehen Sie sich das Hauptgeschäft eines Unternehmens an. Beispiele für Greenwashing wären ein Tabakkonzern, der mit Zigarettenfiltern aus Papier wirbt, oder ein konventioneller Wursthersteller, der fleißig Bäume pflanzt.
- Selbst kreierte Siegel zur Schau zu stellen, ist ein weiteres Ablenkungsmanöver von Grünwäschern. Wenn diese dann auf inhaltlosen Broschüren mit Bildern idyllischer Landschaften landen, ist der Coup schon fast gelungen. Achten Sie daher mehr auf klare und verständliche Fakten als auf Postkartenmotive.
- Zu guter Letzt ist das Verwenden von nicht geschützten Begriffen wie „nachhaltig", „grün", „ethisch", „Klima" oder „ESG" ebenfalls eine gerne verwendete Methode aus der grünen Waschküche.

Rainbow Washing der anderen Art

Eigentlich ist der Begriff „Rainbow Washing" aus der Fast-Fashion-Industrie bekannt. Dort bezeichnet er das Verwenden von Regenbogenfarben und LGBTQIA+-Symbolen auf Kleidung, Schuhen oder Accessoires zu Marketingzwecken. Hiermit wollen Firmen ihre vermeintlich progressive Einstellung und ihre Unterstützung der Queer-Community zum Ausdruck bringen. Wenn den Worten keine Taten folgen, wird es problematisch.

In Bezug auf nachhaltige Geldanlagen gibt es noch eine andere Form des „Rainbow Washings": Die oft in bunten

Farben dargestellten 17 Nachhaltigkeitsziele der Vereinten Nationen (auch Sustainable Development Goals/SDGs) geraten immer mehr ins Visier der Marketingabteilungen. Jedes bunte Kästchen repräsentiert ein Ziel, das bis 2030 umgesetzt werden soll. Wenn sich Produktanbieter mit diesen farbigen Zielen schmücken, dann sollten sie auch klar erläutern können, wie sie zur jeweiligen Zielerreichung beitragen.

Die 17 Nachhaltigkeitsziele im Überblick:
1. Keine Armut
2. Kein Hunger
3. Gesundheit und Wohlergehen
4. Hochwertige Bildung
5. Geschlechtergleichheit
6. Sauberes Wasser und Sanitäreinrichtungen
7. Bezahlbare und saubere Energie
8. Menschenwürdige Arbeit und Wirtschaftswachstum
9. Industrie, Innovationen und Infrastruktur
10. Weniger Ungleichheiten
11. Nachhaltige Städte und Gemeinden
12. Nachhaltiger Konsum und Produktion
13. Maßnahmen zum Klimaschutz
14. Leben unter Wasser
15. Leben an Land
16. Frieden, Gerechtigkeit und starke Institutionen
17. Partnerschaften zur Erreichung der Ziele

Nachdem Sie Grundsätzliches bei der Finanzplanung umgesetzt haben, können vorübergehende Turbulenzen Sie nicht mehr aus der Ruhe bringen.

- Es gibt eine Reihe von anerkannten Siegeln, die eine Orientierungshilfe bei der Auswahl von grünen Finanzanlagen sein können.

- Der Markt der Siegel und Ratings ist aufgrund ihrer Entstehungsgeschichte und der unterschiedlichen Methodik heterogen. Die Siegel sind daher nicht direkt miteinander vergleichbar.
- Vorsicht vor unseriösen Anbietern! Achten Sie auf einen transparenten und leicht verständlichen Vergabeprozess.
- Eine qualifizierte Beratung kann im Dschungel der Möglichkeiten Klarheit verschaffen. Stellen Sie konkrete Fragen. Diese sollte Ihr Berater klar und unkompliziert beantworten können.

Exkurs: Kryptowährungen & Blockchain

Last, but not least geht es nun um Kryptowährungen und die Blockchain-Technologie. Im Jahr 2022 sollte jedes Buch über Finanzen dieses Thema behandeln, da es gerade für die Finanzindustrie enormes disruptives Potenzial birgt. In unserer heutigen digital geprägten und globalisierten Welt stehen digitale Zahlungsmittel mehr und mehr im Zentrum der Aufmerksamkeit und gewinnen an Akzeptanz. Gleichzeitig polarisieren sie stark – wie das Themenfeld der nachhaltigen Geldanlagen.

Ob Bitcoin, Ether oder Litecoin, um nur einige zu nennen, Kryptowährungen sind mittlerweile zum Small-Talk-Thema avanciert. Insgesamt gibt es derzeit ca. 12.000 verschiedene, mit steigender Tendenz. Allein von 2021 auf 2022 hat sich die Zahl der Kryptowährungen mehr als verdoppelt.

Ein Trend für mutige Nerds?

Diese neue Technologie und die Finanzinfrastruktur der Kryptowährungen sprengt die bisherige Art unseres Denkens darüber, wie Vermögenswerte verbrieft werden und Transaktionen ablaufen. Vieles klingt wie eine Fremdsprache, die gelernt werden will. Wer Fachbegriffe wie „Mining", „DeFi," „Token" und „Smart Contracts" zum ersten Mal liest, könnte geneigt sein, sich von dem Thema schnell abzuwenden. Tatsächlich gaben in einer aktuellen Umfrage des

Meinungsforschungsinstituts Forsa[11] 76 Prozent der Befragten an, dass eine Investition in Kryptowährungen für sie nicht infrage kommt. Diese Antwort stammt vor allem von der Ü50-Generation. Nicht verwunderlich ist auch die Geschlechterverteilung der Krypto-Investoren: Der Frauenanteil beträgt gerade einmal drei Prozent, während Männer – die bekanntlich meist technikaffiner sind als Frauen – viermal so häufig in Kryptowährungen investiert sind.[12]

Der Bitcoin

Die älteste und bekannteste Kryptowährung ist der Bitcoin, der bereits 2009 entwickelt wurde. Stein des Anstoßes war die größte Finanzkrise seit den 1930er-Jahren, die Hypothekenmarktkrise, die 2007 begann. Notenbanken weltweit griffen stark in den Kapitalmarkt ein, um diesen mit immer neuen Schulden zu stabilisieren. Dies war die ideale Geburtsstunde für ein Zahlungssystem, das dezentral, also unabhängig von Notenbanken funktioniert und bei dem alle Transaktionen auf ewig und manipulationssicher auf der Blockchain gespeichert sind. Über die Existenz des/der bis heute unter dem Decknamen „Satoshi Nakamoto" bekannten Entwicklers bzw. Entwicklergruppe existieren viele Mythen, die wohl nie aufgeklärt werden.

Die Blockchain

Zu jeder digitalen Kryptowährung gehört ein Blockchain-Algorithmus. Es existieren derzeit ca. 800 derartiger Algorithmen. Der Begriff „Blockchain" – wörtlich übersetzt „Blockkette" – beschreibt in vereinfachter Form, worum es sich handelt: eine sich selbst synchronisierende Datenbank, die dezentral verwaltet wird und durch ihren Aufbau unveränderlich und manipulationssicher sein soll.

Was ist das Besondere an Kryptowährungen?

Papiergeld wie der Euro, der US-Dollar oder der Schweizer Franken wird bei der jeweiligen Zentralbank hinterlegt und von dieser reguliert. Bei Kryptowährungen gibt es dagegen keine zentrale Kontrollinstanz. Genau darin sehen Befürworter einen eklatanten Vorteil. Denn seit der Finanzkrise 2008/09 und befeuert durch die aktuelle Corona-Krise haben Notenbanken weltweit Billionen von neuen Schulden angehäuft. Sie dürfen nämlich in beliebiger Höhe Geld drucken, um das Wirtschaftssystem zu stabilisieren. Die Währung Bitcoin dagegen ist aus technischen Gründen auf maximal 21 Millionen Coins begrenzt.

Der hohe Energieverbrauch als Problem

Neue Bitcoins müssen mittlerweile sehr energieaufwendig durch riesige Hochleistungscomputer digital „geschürft" werden. Diese Mining-Farmen stehen derzeit vorwiegend in Kasachstan, in den Vereinigten Staaten oder in Kanada. Der Strom stammt in diesen Ländern vorwiegend aus umweltschädlichen Energiequellen wie Kohle, Gas und Öl. Krypto-Kritiker behaupten, der Energieverbrauch mache Bitcoin zur umweltschädlichsten Währung auf diesem Planeten, denn der Stromverbrauch einer einzelnen Bitcoin-Transaktion soll mittlerweile so hoch sein wie der kleiner Staaten wie Finnland oder der Schweiz.

Warum ist der Energieverbrauch so hoch?

Der Grund, warum der Bitcoin so viel Strom verbraucht, ist der gewählte Konsens-Mechanismus – der Proof-of-Work-Algorithmus, übersetzt „Nachweis der Arbeit". Denn jede Transaktion wird in der Blockchain vermerkt und muss mit allen Servern im Bitcoin-Netzwerk abgeglichen werden, damit sie fälschungssicher bleibt. Dadurch entfällt die Überprüfung durch sogenannte Finanzintermediäre, also Schnittstellen oder Vermittler zwischen Kapitalnehmer und Kapitalgeber wie Banken, Notaren oder Börsenhändlern.

Lässt sich der Energieverbrauch verringern?

Ein deutlich energiesparender Konsens-Mechanismus ist entkoppelt von der Rechenleistung von Computern und heißt Proof of Stake, zu Deutsch „Nachweis des Haltens". Hierbei werden vereinfacht ausgedrückt per Zufallsgenerator Mitglieder im Netzwerk ausgewählt, die den nächsten Block in der Blockchain generieren dürfen. Bisher wird diese Möglichkeit bei den Kryptowährungen mit der größten Marktkapitalisierung nicht genutzt.

Die soziale Perspektive

Kryptowährungen sind nicht nur aufgrund ihres disruptiven Potenzials und als Spekulationsobjekt von Interesse, sie lassen sich auch aus einer sozialen Perspektive betrachten. Nicht alle Menschen haben das Glück, ihre Geschäfte des täglichen Lebens mit einer stabilen und weltweit akzeptierten Währung abwickeln zu können. In den 195 Ländern dieser Erde existieren insgesamt 180 Währungen. Gerade einmal ein Duzend davon werden als stabil und bedeutsam eingestuft. In Ländern, die mit Sanktionen belegt werden, wie Kuba, Iran oder neuerdings Russland können alternative Bezahlmöglichkeiten für Menschen eine willkommene Alternative sein. Stark steigende Inflationsraten wie in Venezuela oder in der Türkei führen dazu, dass die heimische Währung deutlich an Wert verliert. Auch hier kann eine dezentrale Kryptowährung Abhilfe schaffen, sofern sie nicht von den jeweiligen Regierungen verboten wird.

Die Verbindung zu den Nachhaltigkeitszielen

Es fällt oftmals schwer, eine Verbindung zwischen der neuen Blockchain-Technologie und der Umsetzung der Nachhaltigkeitsziele im Alltag herzustellen. Doch es gibt durchaus Anknüpfungspunkte. Hier drei Anwendungsbeispiele:

- Die Armutsbekämpfung ist das erste der 17 Ziele der Vereinten Nationen, auch Agenda 2030 genannt. Kryptowährungen können dieses Ziel unterstützen, indem sie es Menschen kostengünstig und schnell ermöglichen, Geld an ihre Verwandten im Heimatland zu transferieren, für die diese finanzielle Unterstützung oftmals überlebenswichtig ist. Die Bedeutung eines dezentralen, globalen und manipulationssicheren Wertespeichers für Bürger in Krisenregionen und Kriegsgebieten ist uns außerdem seit Ausbruch des Ukrainekrieges deutlich vor Augen geführt worden.
- Hochwertige Bildung (Ziel Nummer 4) hilft Menschen, aus der Armut zu entkommen, und unterstützt gleichzeitig

das Verständnis für Klimaschutz und die Bedeutung von Artenvielfalt. Hochschulen in der Mongolei nutzen bereits eine blockchainbasierte Plattform, um fälschungssichere Bildungszertifikate zu erstellen. Auf diese Weise erhöhen sie das Vertrauen potenzieller Arbeitgeber in diese Zertifikate, was Schulabgängern bei der Jobsuche hilft.

- Nachhaltiger Konsum und nachhaltige Produktion sind das Ziel Nummer 12. Wäre es nicht großartig, wenn Verbraucher mit wenigen Klicks lückenlose Transparenz hätten, also erfahren würden, wie und wo das erworbene Produkt hergestellt worden ist? Gerade in der Bekleidungsindustrie sind die Lieferketten sehr komplex und werden häufig absichtlich verschleiert. Menschenrechtsverletzungen und Umweltverschmutzung zum Beispiel durch den Einsatz von gesundheitsschädlichen Chemikalien gehören leider zur Tagesordnung. Ein Lichtblick sind erste Textilunternehmen wie Kaya&Kato, die eine blockchainbasierte Plattform zur transparenten Dokumentation ihrer Lieferkette nutzen.[13]

Was bedeutet das für Sie?

Kyptowährungen und die Blockchain-Technologie existieren bereits seit mehr als zehn Jahren. Sie haben das Potenzial, über das nächste Jahrzehnt den Finanzmarkt durch die Veränderung der Abwicklung von Finanztransaktionen komplett umzuwandeln. Kryptowährungen sind jedoch sehr schwankungsanfällig und mit großen Risiken verbunden. Als sichere Geldanlage zum Vermögensaufbau und für die Altersvorsorge sind sie daher wenig geeignet. Wenn überhaupt, sollte man derzeit nur Geld in Kryptowährungen investieren, dessen Verlust man verschmerzen könnte. Dennoch ist jeder gut beraten, sich mit den Grundzügen dieser neuen Technologien auseinanderzusetzen, denn es ist absehbar, dass diese uns früher oder später im Alltag begegnen werden.

Fast Reader

1. Sind wir nicht alle ein bisschen öko?

Dass sich immer mehr Menschen und Unternehmen um mehr Nachhaltigkeit bemühen, ist für den aufmerksamen Beobachter kaum zu übersehen. Diese Bemühungen wurden angestoßen durch die Pariser Klimaziele und die immer sichtbarer werdenden Folgen des Klimawandels für Menschen vor allem im globalen Süden. Zahlreiche Länder haben anspruchsvolle Ziele veröffentlicht, wann sie klimaneutral werden wollen. In der Folge müssen konventionelle Geschäftsmodelle überdacht und angepasst werden.

Hilfreich ist es außerdem, eine Sensibilität für das Thema Greenwashing zu entwickeln. Denn frei nach dem Motto „Never change a winning Team!" greift so mancher Konzern tief in die Trickkiste, um den zunehmenden regulatorischen und öffentlichen Druck zu umgehen.

Ein kurzer Überblick, wo wir heute beim Thema Nachhaltigkeit stehen:

- Vor ca. 20 Jahren betraten mehrere Marktteilnehmer die damals noch kleine Bühne der Nachhaltigkeit; eine Bewegung im Mainstream ist erst seit ein paar Jahren zu beobachten.
- Im Konsumbereich wurden vor allem zwei Gruppierungen identifiziert, die auf Nachhaltigkeit Wert legen: die LOHAS

(Lifestyle of Health and Sustainability) und die LOVOS (Life-style of Voluntary Simplicity). Immer mehr Menschen lassen sich diesen Gruppen zuordnen.

- Hochschulen, Kommunen und Staatsfonds verfolgen bereits ohne Vorgaben des Gesetzgebers Divestment-Strategien, das heißt, sie ziehen bewusst Investitionen von emissionsstarken Firmen ab. Ihnen geht es dabei vor allem um Risikomanagement und das Erzielen einer Signalwirkung.
- Die EU-Taxonomie definiert nachhaltige Wirtschaftstätigkeiten, sowohl auf der ökologischen als auch auf der sozialen Ebene. Die Wirkmächte von Lobbyisten auf Entscheidungen, was taxonomiekonform ist, konnten zum Jahreswechsel 2022 beobachtet werden, als Atomkraft und Erdgas als nachhaltige Brückentechnologien eingestuft wurden. Trotzdem ist das Grundgerüst der Taxonomie ein Game Changer.

2. Alles eine Frage des Stils

Jeder von uns hat einen eigenen Modegeschmack. Ähnlich verhält es sich mit der Präferenz bei nachhaltigen Geldanlagen. Ich empfehle, nicht zu dogmatisch zu agieren, da jeder der unterschiedlichen Anlagestile seine Daseinsberechtigung hat.

Um sich für einen Anlagestil zu entscheiden und diesen mit verschiedenen Anlageklassen umzusetzen, benötigen Sie einige Hintergrundinformationen:
- Zu den verschiedenen Anlagestilen gehören Ausschlusskriterien, die Integration von ESG-Kriterien, Best in Class, Best

of Class sowie Best in Progress. Außerdem stehen weitere zur Auswahl wie Engagement und Stimmrechtsausübung, nachhaltige Themenfonds und die Königsklasse Impact.

- Über die verschiedenen Anlageklassen wird kurz-, mittel- und langfristig investiert. Die unterschiedlichen Anlagestile betreffen Investitionen in Wertpapiere. Sie können im selbst verwalteten Depot oder in der langfristigen Altersvorsorge angewandt werden.

3. Die Wirkung nachhaltiger Geldanlagen

Es gibt keine wirkungsfreie Geldanlage, darüber sind sich Fachkreise einig. Die größte Herausforderung besteht jedoch nach wie vor darin, die Wirkung einer Geldanlage nachzuweisen. Wissenschaftler rund um den Globus forschen intensiv an dieser Fragestellung, um die Stellschrauben für eine nachhaltige Wirtschaft eindeutiger identifizieren zu können.

Folgendes lässt sich über die Wirkung nachhaltiger Geldanlagen bzw. deren Impact sagen:

- Non-Profit-Organisationen und NGOs haben den Grundstein gelegt, indem sie definiert haben, was genau sie unter „Impact" verstehen.
- Bestehende wissenschaftliche Erkenntnisse werden laufend durch neue Studien ergänzt und erweitert, um das bisher Unsichtbare sichtbar zu machen.
- Nachhaltig orientierte Finanzmarktakteure wie Banken haben die zunehmende Gefahr von Reputationsrisiken erkannt

und kommen selbst ins Handeln. Durch klar formulierte Leitlinien soll Green- bzw. Impactwashing verhindert werden. Gleichzeitig werden genau die Merkmale identifiziert, die Wirkung erzeugen.

4. Nachhaltig investieren in der Praxis

Bevor Sie mit dem nachhaltigen Investieren loslegen, sollten Sie ein paar Basics beherzigen. Diese gelten unabhängig davon, ob Sie konventionell oder nachhaltig investieren möchten.

Siegel und die EU-Taxonomie können Ihnen bei der Orientierung helfen:

- Siegel für nachhaltige Finanzanlagen gibt es bereits seit vielen Jahren. Die unterschiedliche Methodik macht eine direkte Vergleichbarkeit schwer. Siegel stellen keinen Freifahrtschein für das Gewissen dar, sondern bieten eine Vorauswahl an eventuell passenden Anlagen.
- Die EU-Taxonomie-Verordnung klassifiziert nachhaltige Wirtschaftätigkeiten. Die Produktanbieter sind verpflichtet, sie umzusetzen.
- Wer bei der Auswahl noch mehr Unterstützung wünscht, sollte sich von einer Person beraten lassen, die im Bereich Nachhaltigkeit qualifiziert ist.

Anmerkungen

1 https://www.geo.de/natur/nachhaltigkeit/forschung-einig--men-schengemachter-klimawandel-ist-ein-faktum-30847828.html

2 https://www.handelsblatt.com/unternehmen/nachhaltigkeit/erderwaermung-zehn-laender-und-noch-mehr-probleme-welche-staaten-bis-wann-klimaneutral-sein-wollen/27739372.html

3 https://carbontracker.org

4 https://www.nachhaltig-investieren.com/news-investieren/item/metastudie

5 https://www.robotergesetze.com/magazin/

6 https://www.vzbv.de/pressemitteilungen/greenwashing-risiko-bei-nachhaltigen-geldanlagen

7 https://www.forum-ng.org/fileadmin/News/FNG_Spezial_Impact_Online_210913.pdf

8 https://link.springer.com/article/10.1007/s43546-020-00033-6

9 https://papers.ssrn.com/sol3/papers.cfm?abstract_id=3612630

10 https://www.novethic.com/fileadmin//user_upload/tx_ausynovethicetudes/pdf_complets/Novethic_MarketData_SustainableLabelsEurope_2021-06-30.pdf

11 https://www.btc-echo.de/news/krypto-in-deutschland-das-spielzeug-der-reichen-138366/

12 https://www.btc-echo.de/news/exklusive-umfrage-ist-der-krypto-space-ein-maennerverein-138368/

13 https://textile-network.com/en/Fashion/Blockchain-fuer-textile-Lieferketten

Die Autorin

 Von ihrer kanadischen Kindheit geprägt, ist sie eine leidenschaftliche Beraterin für nachhaltige Geldanlagen. Jennifer Brockerhoff ist seit mehr als zwei Jahrzehnten in der Finanzbranche tätig. Nach der klassischen Bankausbildung arbeitete sie zehn Jahre lang in einer Privatbank – zuletzt als Wertpapierspezialistin – und machte sich im Jahr 2009 inmitten der Finanzkrise selbstständig. Neben ihrer Tätigkeit als Finanzberaterin ist sie Autorin, Referentin und gerne bei verschiedenen Podcasts zu Gast. Ihr ist vor allem der differenzierte Blick auf das Thema Nachhaltigkeit wichtig, was sie unter anderem in diesem Buch vermitteln möchte.

www.geldistliebe.com

Weiterführende Literatur

Brockerhoff, Jennifer: Grüne Finanzen. Von Altersvorsorge bis Geldanlage – der Ratgeber für Einsteiger*innen, Oekom Verlag, 2021

Leinweber, Martin und Willig, Jörg: Asset-Allokation mit Kryptoassets, Wiley-VCH GmbH Verlag, 2022

Deml, Max und Blisse, Holger: Grünes Geld 2020. Handbuch für nachhaltige Geldanlagen, Medianet Verlag, 2017

Sandner, Philipp, Tusasjan, Andranik und Welpe, Isabel: Der Blockchain Faktor. Wie die Blockchain unsere Gesellschaft verändern wird, BoD, 2019

Register